Jiading
Elegance And Talent
In Wu's Liu Region

吴嶝风华

吴超　编著

海派文化地图

The Map of
Shanghai-style
Culture ·嘉定卷·

主编 刘海涛

上海交通大学出版社
SHANGHAI JIAO TONG UNIVERSITY PRESS

内容提要

　　自古至今，嘉定深厚的历史文化底蕴都是上海文化发展极其重要且弥足珍贵的有机组成部分。作为上海连接长三角的陆上交通要津，嘉定一地人物风华不仅深受传统江南文化之影响，更在近代海派文化润养下不断孕育开拓创新之精神，成为上海地区江南文化与海派文化彼此嵌合、相互影响的重要承载地与文化中继站。自宋至清，嘉定一地儒学教育发达，文化事业昌盛，乃天下闻名的人文荟萃之地。嘉定文士不仅学识渊博、学以致用，更能怀道守义、临难不苟。清季以来科举渐废，嘉定乡贤敏悟而转新知新业者颇众，又在中国近现代史上留下浓墨重彩之笔。嘉定人民自古以来的勤劳、勇敢、睿智和开放，使我们有理由相信，嘉定地区必将在新时代迎来更加美好的发展前景。《吴嵺风华》就此希望带领您领略这片历史文化沃土的前世今生。

图书在版编目(CIP)数据

吴嵺风华 / 吴超编著. -- 上海 : 上海交通大学出版社，2020
　（海派文化地图）
ISBN 978-7-313-23529-9

Ⅰ．①吴… Ⅱ．①吴… Ⅲ．①海派文化－研究
Ⅳ．① G127.51

中国版本图书馆 CIP 数据核字 (2020) 第 129565 号

吴嵺风华
WULIU FENGHUA

编　　著：吴　超		地　　址：上海市番禺路 951 号	
出版发行：上海交通大学出版社		电　　话：021-64071208	
邮政编码：200030			
印　　制：上海锦佳印刷有限公司		经　　销：全国新华书店	
开　　本：710mm×1000mm　1/16		印　　张：15.75	
字　　数：141 千字			
版　　次：2020 年 8 月第 1 版		印　　次：2020 年 8 月第 1 次印刷	
书　　号：ISBN 978-7-313-23529-9			
定　　价：65.00 元			

"海派文化地图" 丛书编委会

主 任
姜 樑　吴 清　李逸平

副主任
徐海鹰　王国平　方莉萍　吴信宝
胡劲军　马建勋　于秀芬　柴俊勇

编 委
严 旭　左 燕　丁宝定　胡 敏
温新华　钱城乡　石宝珍　邰 荀
丁大恒　祝学军　刘海涛　王美新
刘其龙　李华桂　陈勇章　邹 明

总主编 柴俊勇

执行总主编 浦祖康

图片总监 叶明献

英语顾问 黄协安

策划联络
张 奇　李墨龙　张致远　吴纪椿
陈益平　慈兴国　初 旭

重绘海派文化的地理版图

柴俊勇

海派文化的地理版图究竟能画多大？

有人说，海派文化的兴起，源自上海170余年前的开埠……而从有关史料来看，四千年前即有一支河南东部移民迁徙上海，进而促使中原文化导入江南地区的这类文化融合的现象，或早已经为这个六千年前成陆的地域的文化，种下了"海派"的基因。而今天的海派文化，除了其发源地——上海以外，正在以Shanghai—style 的文化姿态，影响着江苏、浙江、安徽乃至全国和海外……

上海，地处长江入海口，她背靠的是历史悠久的长江文明，前方则是浩瀚无垠的海洋文明，加上其是中国海岸线的南北中心点，地理优势可谓得天独厚。五方杂处，东西交融，既植根于中华传统文化，融汇着中国其他地域文化的精华，又凭借了开埠百余年的历史进程，吸纳了多国文化质素的上海，久而久之，造就了"海纳百川、追求卓越、开明睿智、大气谦和"的城市精神与特有的文化性格。

上海境内的每个区或多或少都保留了能体现海派文化特色的原汁原味的历史遗存，同时，仍在不断积累、沉淀着和兴起海派文化的新思潮、新创造、新成就，同时海派文化亦正在向世界吞吐着印有上海印记的品牌，以及文学、影视、科技、医疗、教育……这些真实而鲜活的文化现象，为在新的历史时期开展关于海派文化的整体研究，整理海派文化的历史渊源，重绘海派文化的地理版图，描摹海派文化的未来走向，奠定了充满活力、赋予意义的源泉基础。

习近平同志在上海工作期间指出：虹口是海派文化的重要发祥地。"弘扬海派文化品格……加快建设上海国际文化大都市"是中共上海市委《关于制定上海市国民经济和社会发展第十三个五年规划的建议》中的表述。该"建议"对海派文化没有就事论事，而是以"海派文化＋"的方式，以弘扬"品格"为基调，揭开了五年"加快建设上海国际文化大都市"的序幕。在中共上海市第十一次代表大会报告中，中共上海市委主要领导则进一步描绘了上海作为"人文之城"的未来愿景——"中外文化交相辉映，现代和传统文明兼收并蓄，建筑是可阅读的，

街区是适合漫步的，公园是最宜休憩的，市民是尊法诚信文明的，城市始终是有温度的"。在此不久前，市领导指出："必须下更大决心、花更大力气保留、保护更多历史建筑，保留、保护更多成片历史建筑风貌区""精心保护历史文脉、用心留存文化记忆"以及，"以城市更新全新理念推进旧改"从"拆、改、留并举，以拆为主"，转换到"留、改、拆并举，以保留、保护为主"，同时"努力改善旧区居民的居住条件"。这是对"建筑可阅读、街区可漫步、城市有温度"等的一种实践指南。

"文化"必须具备传承性、渗透性、共识性、延续性，"四性"缺一不可。海派文化以"开放包容、中西合璧、多元交融，精耕细作"的文化特征与品格，影响了世世代代的上海人，也向全国和世界展示上海独特的文化品格。"上海要在 2040 年成为卓越的全球城市，必须把文化发展放在城市功能和核心竞争力提升的重要位置。未来城市不会仅凭科技、制造业或金融等单一的优势立市，而是主要表现为线上与线下、技术与实业、传统与创新、过去和未来的融合、功能综合，市民精气神展示等特征，背后则是文化在起推动作用乃至决定性作用。文化大都市建设任重道远，上海作为我国改革开放排头兵、创新发展先行者，对外开放桥头堡，在文化建设上一直走在全国前列，在未来五年以及未来很长时间内，上海文化建设始终要体现国际水准、中国特色、上海精神，以此推动上海成为一座有底蕴、有质感、有脉搏的，传承过去、面向未来的人文之城。"

我们"弘扬海派文化品格"，要的是中华优秀传统文化和与世界优秀文化深度融合与创新的作用与作为，要的是海派文化如何潜移默化地影响和渗透上海的未来发展；要的是市民如何具备海派文化品格，提升文化素养，展现城市精神的点点滴滴，要的是在中国文化日趋开放的环境下如何展现中国"远东第一大都市"的魅力，让来到上海的移民与游客喜欢上海、融入海派文化……

我们感到，源远流长的海派文化内涵丰富，作用领域广泛，对于推动建设上海国际文化大都市意义重大。弘扬海派文化，必须绘制好海派文化的地理版图，只有让人们更多地了解身边的上海，才能更加爱上海这座城市。而要真正做到这点，必须充分发挥上海各区的资源优势和基础作用，发挥民间对于海派文化发展的积极作用，并鼓励社会力量以各种形式参与共同推动海派文化的传承发展。同时，进一步完善政府在培育、发展海派文化方面的政策扶持与工作举措。

此番编辑出版的"海派文化地图"丛书，由市政协领导和相关专委会共同牵头，并得到了各区政协的大力支持。丛书共分为17卷，其中16卷分别介绍16个区的海派文化资源特色和与海派文化有关的知名人物等，每一卷，将结合各区地域特色，阐述海派文化在区境内的发源、流布、传承、发展、复兴的历史轨迹和地理分布，说明海派文化的作用领域和对今世的意义。1卷则为上海海派文化地图丛书的精选集。

希望这套丛书，能让市民与游客更多地发现和体验身边的海派文化，在品读书卷和行走城市之间，领略上海的都市风情和日新月异的变化，发现上海和海派文化的魅力。

2017年7月18日

（国家行政学院兼职教授、上海开放大学公共管理学院首席教授）

序二

说海派文化特质

熊月之

依山多仁，傍水常智，乡处者多厚重，城居者常机灵，环境移人塑人，古今中外概莫能外。

近代上海由于国际国内多种因素错综复杂的作用，由一个普通沿海县城，迅速成长为中国特大都市。其政治架构一市三治，公共租界、法租界、华界各行其政，各司其法，互不统属，为寰宇之内绝无仅有。其经济体量异常巨大，工业、外贸、金融常占全国一半以上，人口众多且结构独特，五方杂处，中外混处，且流动频繁，既不同于荒僻的乡村山寨，不同于西安、北京等内地城市，也不同于广州、福州等沿海城市。与此相一致，其文化亦戛戛独造，出类拔萃，居民行事风格、价值观念、审美情趣，每每卓尔不群，与众不同，惹来路过者、访问者、风闻者、研究者一阵又一阵评论，或赞叹，或羡慕，或讥刺，或诅咒，或兼而有之，关键词都是：海派！海派！

海指上海，海派即上海流派。以地名作为地域文化流派之名，使其名实一体，与他处相区分，本是人们讨论、研究地域文化之惯例，古人即有南派、北派之区分，明清以来又有岭南、燕北、浙东、湘西等说法，其内涵多无褒无贬。惟海派之名诞生于近代，所涉城市为内涵极其复杂、褒贬不一的上海，故"海派"之名自始即颇多歧义。海派书画、海派京剧、海派服饰、海派文人，其抑扬意味在各领域并不一致。但是，寻根溯源，综核名实，异彩纷呈之海派表象背后，确乎有其统一的海派内核。任伯年等人的写实通俗画，吴友如等人的社会风情画，郑曼陀、杭稚英等人的月份牌广告，刘海粟的使用人体模特儿，周信芳等人的改良京剧、连台本戏、机关布景，刘雪庵等人所作风靡一时的《何日君再来》《夜来香》等歌曲，《礼拜六》等报纸期刊连载的言情小说、黑幕小说，凸显女性曲线的旗袍，适应复杂人群口味的改良菜肴，既吸收江南民居内涵、又适应集约型利用土地要求的石库门建筑，表现形式各有不同，或为绘画、戏曲，或为音乐、文学，或为服饰、饮食、建筑，但都有以下四个共同点，即趋利性或商业性、世俗性或大众性、灵活性或多变性、开放性或世界性。最根本的一点是趋利性，其他大众性、灵活性与开放性的基础仍是趋利。因为趋利，所以

绘画要迎合普通买主的胃口，画通俗、写实等喜闻乐见的内容，画时装美女、麒麟送子、八仙过海。因为趋利，所以要改良各地移到上海的菜肴，改造各地传入上海的戏曲，以适应来自五湖四海移民的需要。因为趋利，所以要写普通民众喜闻乐见的小说、歌曲，要演有趣好看、吊人胃口的连台本戏，写跌宕起伏、引人入胜的连载小说。因为趋利，所以房屋既要让居住者舒适，又要提高得房率，使大房东、二房东更多获利，联排式便广受欢迎。因为趋利，所以要不断花样翻新，不断追逐世界潮流，不断制造时尚。于是，美术、音乐、戏曲、小说等文学艺术不再单纯是传统意义上文以载道的工具，房屋也不能如乡村那么宏阔气派，而要适应市场、迎合市场、创造市场、扩大市场。

通过趋利性、世俗性、灵活性与开放性所反映出来的海派文化，其本质是在全球化背景下、人口高度集聚、以市场为资源配置根本途径、以满足最广大人民群众根本需要为旨趣的城市文化。

海派文化不限于上海，但以上海为早、为多、为甚，其影响也以上海为圆心，一圈一圈向外扩散开去。海派文化之形成，原因有许多方面，其中特别需要强调的有两点，一是江南文化，二是移民人口。

江南自唐代以后，就是中国经济、文化最为发达的地区，其经济结构、文化风格，有不同于北方的鲜明特点：其一，重商，商品经济相当发达，商人地位大为提高。宋代以后，棉、丝、盐、茶在江南经济中已占有相当高比例。明代江南，已经形成一个多样化、商品化和专业化、有着充分市场机会的经济结构。宋代以后，江南地区传统的士－农－工－商的顺序，实质上已经变成士－商－农－工，亦儒亦商、商儒合一家族在江南所在多有。元代以后，江南与国际市场已有广泛而密切的联系。其二，市民文化有了很大发展。反映追求声色货利的小说、传奇、歌谣、戏曲长盛不衰，《三言》《二拍》等公开言情言性的小说多为江南文人所作，所表现的思想、格调与官方倡导的意识形态大异其趣。其三，行为偏离正统。不守传统规矩，逾分越矩，讲究吃穿，讲究排场，奢侈成风，追求新奇，在江南已是普遍现象，上海地区尤为突出。最具标志性意义的是明代上海陆家嘴人陆楫，竟然专作奢侈有益论，系统论述传统的崇俭恶奢观念并不正确，认为禁奢崇俭并不能使民富裕，而适度奢侈倒能促进经济繁荣，对于社会发展有积极意义。这是中国古代经济思想史上一朵瑰丽的奇葩。上海本为江南一部分，近代上海人虽说来自全国各地，但绝大部分来自江南。所以，上海文化底色就是江南文化。

近代上海城市人口80%以上来自全国各地，还有一部分来自外国。本地人口少，移民人口多，便使得本地文化对由移民带来的外地文化排斥力、同化力不强，这为外来移民在上海立足、发展提供了难得的土壤。这一移民社会呈现高度的异质性、匿名性、流动性与密集性。在这里，传统熟人社会士绅对人们的道德约束机制荡然无存，个人能力的释放获得空前的自由与巨大的空间。晚清竹枝词中有一句话："一入夷场官不禁"，其实，不光"官不禁"，民也不禁。于是，个人安身立命的资本便主要是能力而不是家世，维系人际关系的便主要是契约而不是人情。于是，重利、竞争、好学、崇洋、灵活、多变、守法、包容等，便成为突出的社会现象，成为海派文化的重要符号。

还在民国时期，已有学者将海派文化作为上海城市文化的综合指称，高度肯定海派文化的丰富内涵与正面价值，认为上海在引进新思想、引导新潮流、引领现代化方面，担当了领导中国前进的"头脑"角色："一切新兴的东西，物质的，精神的，都由上海发动，然后推到全国去。虽然所谓新文化运动的五四运动发源于北京，一九二六年国民革命军发难于广东，可是上海仍是中国工、商、经济、文化、出版界的中心。从物质文化方面看，从非物质文化方面看，上海都是中国的头脑。"[1] 还有学者认为，"在文化上，上海和西洋文明接触密切，所以洋化气味较重，同时由于历次政治革命的激动，文化革新运动也随之勃发，所以海派的文化作风是好谈西洋文物，崇尚创新立

---

[1] 高植：《在上海》，《大上海》半月刊，1934 年第 1 期。

异"[1]，认为"做上海人是值得骄傲的，因为上海一切开风气之先，今后中国需要新的建设和新的作风，而在上海首先创导这种新建设和新作风"。[1]人们还对海派文化如何扬长避短、创新发展进行了讨论，提出"培养我们的海派新风气，发挥我们海派的新力量"。[1]

江南文化本是魏晋以后由南方吴越文化吸收、融合了北方中原文化的某些成分而形成的，而海派文化则是由江南文化吸收、融合了西方文化的某些成分而形成的。在传统与现代、中国与世界、乡村与城市等相互联系的背景下看海派文化，可以清晰地看出，海派文化是中国的南北文化结晶品与近代西方文化的化合物，是城市化过程中的中国文化。在这个意义上，说海派文化代表了中国先进文化的前进方向，一点都不过分。

任何文化都兼具地域性与时代性。海派文化在不同时期，虽有一以贯之的内涵，也在不断地新陈代谢，有因袭，有创获，有损有益。不断地损益、代谢、嬗变，正是海派文化保持青春活力的根本特性。2015年，中共上海市委关于"十三五"规划建议中指出，上海要"传承中华文化精髓、吸收世界文化精华、弘扬海派文化品格"，将上海建成国际文化大都市。

---

[1] 姜豪：《海派新作风的培养》，《上海十日》，1946年第2期。

这是一个立意高远的愿景，也是一个涉及很广、难度很高的宏大课题。海派文化既涉及观念形态，也涉及物质层面，涉及文化创造、生活方式、价值观念、审美情趣等诸多方面。弘扬的前提是调查、梳理、研究。"海派文化地图"丛书，定位于可供新老上海人和国内外游人自助行走的海派文化体验全书，为上海传承传播海派文化发挥积极作用。按区域分卷，述其特点，明其流变；既有基于历史文献的理性分析，也有得自当下调查的新鲜知识。执笔者均为长期生活于上海、沉潜于上海文化研究、学养丰厚的作家，所作内容丰富，风格清新，文笔生动，加以图片精美，令人一旦展阅，便不忍释手。

可以相信，这套丛书的出版，对于新老上海人了解上海、熟悉上海，一定会起到导航指路的作用；在海派文化研究史上，也一定会留下浓墨重彩的一页。

是为序。

2017 年 7 月 21 日

（上海历史学会会长、上海社会科学院研究员、复旦大学特聘教授）

Contents
目　　录

目录

The Map of

Shanghai-style Culture

The Map of Shanghai-style Culture

海 派 文 化 地 图

教化嘉定：吴畹人文史地沿革

上海市嘉定区前身嘉定县，建县于南宋嘉定十年十二月初九日（1218 年 1 月 7 日），并以此年号而为县名（"嘉定"为宋宁宗赵扩在位期间所使用的最后一个年号）。从行政区划的历史沿革来看，嘉定建县以来隶属于苏州府或太仓州（今属江苏省）之时间，要远远长于其隶属于上海市之时间；但从区域文化共生、共融、共创的人文图景来看，嘉定深厚的历史文化底蕴自古至今都是上海文化发展极其重要且弥足珍贵的有机

1867 年，嘉定西门城墙

组成部分。

作为上海连接长三角的陆上交通要津，嘉定一地人物风华不仅深受传统江南文化之影响，更在近代海派文化润养下不断孕育开拓创新之精神，成为上海地区江南文化与海派文化彼此嵌合、相互影响的重要承载地与文化中继站。

嘉定别称"疁（liú）城"，"疁"字的本意为"火耕""烧种"，有现代学者推测，古代上海地区不乏以此类技术耕作之田地，而嘉定极有可能为"疁田的集中区"，故得名。[1] 关于嘉定疁城的文字记载，元代文学家杨维桢在至元六年（1340）曾为同时代学人秦辅之所编《练川志》作序言道："吴郡，东南大都，为其属邑有嘉定，岸海为州，与昆山邻，即古之疁城也。"

杨氏有关"嘉定""疁城"互指的说法，来自元代嘉定城南挖掘而出的一块唐代咸通三年（862）墓志石碑。该碑名曰"庄府君墓志铭"，曾被秦辅之记录于《练川志》内，但该书不久后亡佚，部分铭文直到明正德四年（1509），才被藏书家都穆在《练川图志》中重新辑录："府君讳泰，冯翊郡人。咸通三年葬昆山县东一百里伍家冈身，疁城乡横沥水西八十步。"

唐代安史之乱后，嘉定地域属苏州府昆山县，而昆山县下设有"疁城乡"。但"疁城乡"遗址究竟在今嘉定区的什么地方？

---

[1] 周关东主编，上海市嘉定区政协文史资料编辑委员会编：《人文嘉定》，上海文化出版社2006年版，第1页。

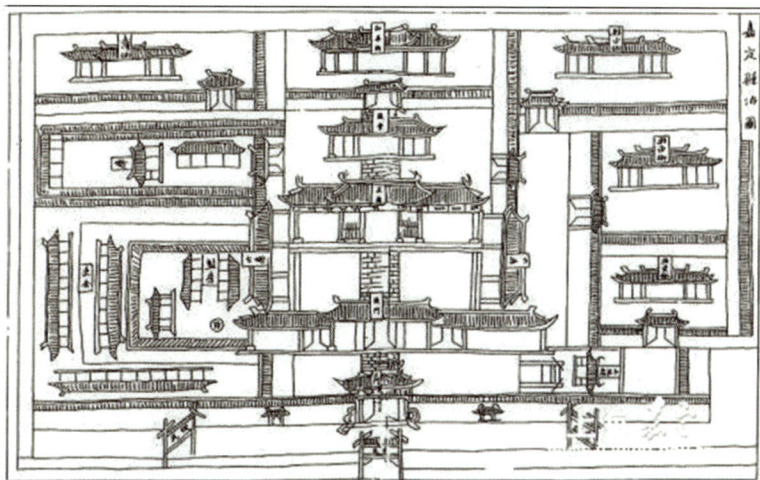

明《练川图记》中所载"嘉定县治图"

学者至今尚有分歧，有认为畹城所在即嘉定县城附近者，亦有主张位于今娄塘、马陆或方泰者，这个问题仍有待进一步考实。[1]

但总体上说，明代以后，嘉定文人和百姓都已习惯将"畹城"（或简称"畹"）当作嘉定地区的雅称了。

嘉定历史源远流长，建置沿革曲折复杂，以下对此略作梳理：

与内陆县市形成机理

1950 年代，娄塘镇南市梢一带景象

[1] 陈事：《嘉定的别称趣谈（二）》，《嘉定报》，1998 年 3 月 26 日。

1951年，嘉定县城西北角城墙

不同，嘉定乃至整个上海地区均为海陆变迁之产物。距今1万多年前的冰期结束以后，海平面上升，包括嘉定在内的上海地区成为一片汪洋。此后，海平面逐渐稳定，距今7 000年全3 000年前后，在长江口南岸一带，由于长江泥沙的淤积和海浪潮汐的作用，自今常熟福山起，经苏州太仓、嘉定方泰、闵行马桥、奉贤新寺，直至金山漕泾一线及其以东地区，逐渐形成了数条"西北—东南"走向的沙堤，因其地势较高，俗称"冈身"。[1] 今嘉定区西部地区位于"冈身"地带，属于上海一地成陆较早的地区之一。

---

[1] 中共上海市委组织部、中共上海市委宣传部、上海市地方志办公室：《上海通志（干部读本）》，上海人民出版社2014年版，第35、36页。

夏商周时期，嘉定地区属"古九州"之"扬州"；春秋时属吴；战国初越灭吴，遂属越；战国中期楚取越之吴故地，遂属楚。

秦置郡县，嘉定地区最初属会稽郡疁县；秦二世三年（前207），改疁县为娄县，嘉定地区遂属会稽郡娄县。汉袭秦制未变，后王莽改娄县为娄治；东汉复称娄县，仍属会稽郡。东汉永建四年（129），分会稽郡浙江以西地区置吴郡，娄县改属吴郡。

南朝梁天监六年（507），分吴郡置信义郡，分娄县置信义县，以信义县属信义郡，以娄县属吴郡，嘉定地区属信义郡信义县。南朝梁大同元年（535），又分信义县置昆山县，嘉定地区遂属信义郡昆山县。

1931 年 7 月，南翔古猗园石舫

隋建立后，变州、郡、县三级制为州、县两级制，开皇九年（589），废信义郡、信义县、昆山县，两县之地悉入苏州，嘉定地区乃属苏州。开皇十八年（598），复置昆山县，属苏州，嘉定地区改属苏州昆山县。自隋大业年间至五代十国时期，苏州虽几经易名，但其与昆山县的行政辖属关系未有变化，嘉定地区仍属昆山县。

北宋太平兴国三年（978），改苏州为平江军，昆山县属平江军。北宋至道三年（997），置两浙路，平江军属两浙路。北宋政和三年（1113），升平江军为平江府，昆山县属两浙路平江府，嘉定仍为昆山县属地。南宋建炎三年（1129），分两浙路置两浙东、西二路，平江府改属两浙西路。

南宋嘉定十年十二月（1218 年 1 月），析两浙西路平江府昆山县东部之春申乡、临江乡、安亭乡、平乐乡、醋塘乡共 5 乡 27 都，置嘉定县，县治设在练祁市（今嘉定老城，该处原为一市镇，因练祁河穿越其中而得名；练祁河在古代又名练圻、练

未重修前的嘉定法华塔

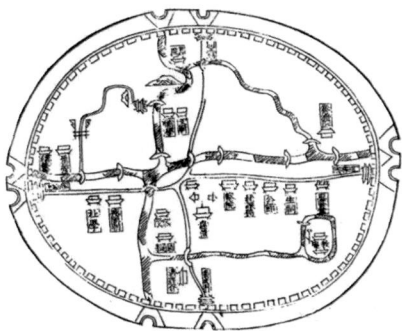

《嘉定县志》中所载 "嘉定县城图"

川或练渠，故嘉定亦有"练川"之别称），此即嘉定建县之肇始也。时嘉定县乃属两浙西路平江府，而终与昆山县平级。嘉定建县之初，南枕淞浦（今吴淞江），北带娄江（今浏河），东抵大海，西至徐公浦，辖域东西约 40.5 公里，南北约 26.5 公里。

嘉定十一年八月（1218 年 9 月），宋宁宗又诏命嘉定县分置五乡，改临江乡为依仁乡、平乐乡为循义乡、安亭乡为服礼乡、醋塘乡为乐智乡、春申乡为守信乡，以此彰显儒家教化扬善之意。

元元贞二年（1296），嘉定县户口已在 5 万户以上，依例升为中州，乃称嘉定州，属江浙行省平江路。

明洪武初年建都应天府（今南京），乃以应天府及其周边 13 府，新建省一级行政单位——直隶；嘉定复为县，属直隶苏州府。明永乐迁都北平（今北京）后，建北直隶，原直隶辖区改称南直隶，以示区别；嘉定县遂属南直隶苏州府。

明弘治十年（1497），嘉定县析西北境之循义乡二十都（乡一级以下行政区划称"都"）及二十二都之半区、乐智乡二十五都、服礼乡十八都，隶属于太仓州。这是嘉定县历史上第一次较大规模的析县行为，使得县域面积有所缩小。

清顺治二年（1645），改南直隶为江南省。清康熙六年（1667），分江南省置江苏、安徽两省，嘉定县属江苏省苏州府。

清雍正二年（1724），嘉定县迎来了历史上第二次大规模析县，乃析嘉定县东境守信乡五都、南六都，依仁乡七都至十一都及北十一都，循义乡二十四都，置宝山县。是年，又对嘉定县域范围做了大致划分：自嘉定县治东至宝山县界 9 公里，以罗店镇界泾桥为界；西至昆山县界 18 公里，以大瓦浦、大通桥为界；北至镇洋县（今太仓市）界 9 公里，以陆渡桥为界；南至上海县界栅桥镇 18 公里；东南至宝山县界 18 公里，以下槎浦为界；东北至镇洋县界 15 公里，以老浏河、界泾为界；西南至青浦县 18 公里，以青龙江为界；西北至镇洋县界 12 公里，以十八港、致和塘、浏河为界。

清雍正三年（1725），升太仓州为直隶州，嘉定县自此由苏州府改属太仓州。清咸丰十年（1860），太平军遵王赖文光攻克嘉定县城，嘉定县短暂改属太平天国苏福省；两年后，清军收复嘉定县城，仍属太仓州。此后直至清亡，嘉定县行政归属未有大变。

1912 年，"中华民国"政府撤府、州，嘉定县乃直属江苏省。1914 年，建道，嘉定县属江苏省沪海道。1933 年，置行政督察区，嘉定县属江苏省第六行政督察区。1934 年，江苏省重划行政督察区，嘉定县改属第三行政督察区。

抗日战争爆发后，嘉定县沦陷。1941年2月，日伪统治者改嘉定县为嘉定区，属伪上海特别市。1943年2月，又改嘉定区为嘉定特别区，属伪上海特别市第一行政督察区。1944年，嘉定特别区复称嘉定县。1945年，抗战胜利，嘉定县乃属江苏省第二行政督察区。

1949年5月13日，嘉定县属苏南行政区松江专区。1952年，嘉定县属江苏省松江专区。1958年1月，嘉定县由江苏省改属上海市至今。1992年10月，撤嘉定县而设嘉定区。

自解放以来，嘉定县域又有过一些小变化。1949年7月，

20世纪50年代，嘉定城西水关

将诸翟镇西半部划归上海市新泾区，10月，又将西南境西胜乡划归青浦县；1950年8月，将南翔8个保划归上海市新泾区；1952年10月，将广福镇划归宝山县，11月，又将陆渡桥河南地区划归江苏省太仓县；1954年2月，将南翔之新杨乡、田杜乡和马桥乡6个选区，分别划归上海市真如、大场两区，8月，又将徐行之界泾村划归宝山县；1958年，将纪王乡苏州河以南部分地区划归上海县；1984年，将真如划归上海市普陀区；1992年，又将桃浦、长征划归上海市普陀区。

以上为析出情况，除此以外，也有划入部分：1949年，将青浦县之淞滨、杨林两乡划归嘉定；1952年8月，将江苏省昆山县蓬葭区之安亭镇西部地区划归嘉定；1958年，将上海市西郊区5个乡划归嘉定。经过此番变迁，今嘉定区境域范围基本确定下来。

抚今追昔，嘉定建县距今已有800多年，嘉定人至今谈到这一历史性事件，仍会深深感念一位杰出历史人物为此所做出的巨大贡献，他就是嘉定县首任知县——高衍孙。高衍孙（1168—1225），字元长，浙江四明人，善文晓乐，兼通医理，为官清廉，因行蠲赋、兴学等惠政，在多地任内名声俱佳。嘉定建县后，高衍孙因年富力强、办事干练，而为平江知府赵彦橚（sù）举荐，由昆山县丞转正，出任嘉定知县。[1]

南宋时期，从昆山县析出5乡而置嘉定县，并非由于其民殷物丰足可别立一县，而是出于此地偏远、顽民难治之现实考量。早在高衍孙之前，平江知府赵彦橚、提刑王棐（fěi）就曾上疏朝廷奏请创县，奏疏中提及："平江府管下五县，其境土广袤，无如昆山；而顽犷难治，亦无如昆山……盖县方百里，而兹邑广袤倍焉，以一令临之，制驭必有所不能，及养成顽恶，亦地势使然。"[1] 嘉定县新创后，高衍孙决定采取广施仁政、感化民众的行动策略，即"若能抚摩其疾苦，启迪其趋向，则良心善性，孰不油然而生"。[2]

高衍孙

---

[1] 友文：《清风芜县，明月桐乡：高衍孙》，《嘉定报》，2017 年 3 月 28 日。

建县第二年，高衍孙就主张崇儒重教，斥资营建学宫，希望以知识教化百姓、以仁义开导民心。这些举措在移风易俗方面确实发挥了重要功效。在他的治理下，仅仅用了三年时间，便使得嘉定县的民俗物貌发生了翻天覆地的变化，崇文务实的风气在社会上得以确立，这对后来嘉定地区人文走向起到了极其重要的奠基作用。自宋至清，嘉定地区教育逐渐发达起来，文化事业也日益昌盛，最终发展为天下闻名的人文荟萃之地。正是因为英才辈出、文脉相承，才成就了"教化嘉定"之旷世美誉！

[1] 《县记二·嘉定县》，《吴郡志》卷第三十八。
[2] 《高衍孙创县记略》，清光绪《嘉定县志》。

斯文在兹：嘉定的孔庙与书院

       古代嘉定儒学昌明，文人荟萃，至今仍留有众多的文化名胜遗迹，其中最著名者莫过于有"吴中第一"之称的嘉定孔庙，以及嘉定人为纪念归有光、陆陇其两位先贤而建的两座书院——震川书院和当湖书院了。

       嘉定孔庙位于今嘉定城区南大街，同嘉定建县之时只相隔一年，距今已有 800 年的悠久历史，是目前国内保留比较完好的县级孔庙建筑，在古代江南地区县级孔庙中，素有"吴中第

19 世纪 70 年代，嘉定孔庙

19 世纪 70 年代，嘉定孔庙宾兴桥

一"的美誉。孔庙由嘉定县第一任知县高衍孙于南宋嘉定十二年（1219）创建，称"文宣王庙"。在古代，地方府、州、县的学校一般都设在孔庙内，因此，孔庙又叫"庙学"或"学宫"，嘉定孔庙也不例外。高衍孙于庙后建县学，匾额书"化成堂"，取"以文化成"之意（元代重建庙学，改为"左学右庙"布局）。南宋淳祐元年（1241），在庙中置孔子塑像，凿泮池，建"兴贤坊"。淳祐四年（1244），重修县学，改"化成堂"为"明伦堂"。南宋咸淳元年（1265），重修"文宣王庙"，易名"大成殿"。整个南宋时期，嘉定孔庙规模都不算大。元至正十三年（1353），在泮池外又建棂星门。

元代时，孔庙进入扩建阶段并初具规模。明天顺四年

（1460），重建大成殿、两庑、大成门、明伦堂。因庙南有留光寺，开门见寺，当地士人以为有碍风水，故在孔庙前筑土山障蔽。成化十年（1474），建尊经阁。正德元年（1506）改筑"应奎山"，正德四年（1509）重筑此山并引水环绕。嘉靖十九年（1540），将文昌祠改建为"启圣祠"。万历十六年（1588），于应奎山北开凿"汇龙潭"。万历三十一年（1603），在大修各殿堂之余，又疏浚野奴泾、唐家浜、南杨树浜、北杨树浜，并开凿新渠，共计5条河道，汇合于应奎山周围，寓"五龙戏珠"之意。至此，山水殿台皆备，嘉定孔庙盛时格局终于确立。

明清易代，兵连祸结，孔庙内许多建筑在嘉定人民抗清斗争中为清军所损毁。所幸满清入关后尚能尊孔重儒，嘉定孔庙各殿宇堂室在有清一代几度重修，规模逐渐恢复并有所扩大。至今，大成殿内仍存有康熙题写的"万世师表"、雍正题写的"生民未有"、嘉庆题写的"圣集大成"和光绪题写的"斯文在兹"等匾额。咸丰年间，受到小刀会起义和太平军东征战火波及，孔庙建筑多有损坏，但从同治至光绪年间，当地又陆续修复了大成殿、两庑、大成门、棂星门、名宦祠、乡贤祠、崇圣祠等，且重建了门外"仰高""兴贤""育才"三坊，并翻新魁星阁于汇龙潭畔。

1937年"八一三"淞沪会战中，嘉定孔庙遭受日军飞机轰炸损毁严重。日军占领嘉定全境后，竟将孔庙作为其军需物资仓储之所。抗战胜利后，嘉定民众在著名书画家浦泳等乡贤倡导下，试图筹资重修孔庙，因时局艰困而无果。

新中国成立后，嘉定孔庙于20世纪60年代开始全面修缮，并进一步辟建为嘉定博物馆，但同时也迁入了嘉定县图书馆、文化馆等单位。改革开放后，当地政府决定陆续迁出其他单位，只保留嘉定博物馆于孔庙内。80年代至今，孔庙古建筑先后多次得到修缮。2005年，嘉定孔庙由地方性综合博物馆，正式辟建为上海中国科举博物馆。

时至今日，嘉定孔庙已不仅仅是嘉定地区的一个文化地标，更是整个上海地区历史文脉呈现的重要实物载体。根据专家学者考证，自宋至清，嘉定孔庙有史料记载的各种修建工程竟达

19世纪70年代，嘉定孔庙启圣祠(原文昌阁)

嘉定孔庙大成殿

110 次之多，粗略估计，平均每 7 年便有 1 次修建，这体现了古代嘉定人民对传统儒学文化的尊崇与信守。正是如此态度，才使得嘉定一地人才辈出、文脉不绝。据史书记载统计，仅明清两代，嘉定孔庙（嘉定县学设在孔庙内）就培养了约 6 000名的儒家知识分子（具有生员资格的人），其中，贡生 400 余人，举人约 450 人，进士 180 人，这里面还包括了状元 3 人，榜眼、探花各 1 人。[1] 早在 1962 年，嘉定孔庙就已由上海市人民委员会公布为市级文物保护单位。2013 年，随着嘉定孔庙被国务院正式公布为第七批全国重点文物保护单位，孔庙保护工作也迈入了新阶段。

---

[1] 陈兴龙、陈兆熊、朱顺：《嘉定三状元遗事》，《嘉定报》，2009 年 8 月 3 日。

　　震川书院旧址在今嘉定区震川中学内。震川书院始建于清道光八年（1828），乃江苏巡抚陶澍为纪念明代著名文学家归有光（号震川），奏请道光皇帝御批而建。陶澍在选址时，特意动用菩提寺东面空地建造，故书院与菩提寺、因树园巧妙相连，彼此借景，风光宜人。归有光虽非嘉定安亭人，但其会试八次落榜后，便带领妻女徙居嘉定安亭江畔，筑"世美堂"收徒讲学达13年之久。道光十四年（1834），江苏巡抚林则徐曾视察震川书院，拜谒归公祠，并题联曰"儒术岂虚谈，水利书成，功在三江宜血食；经师偏晚达，专家论定，狂如七子也心降"，对归有光一生功德赞美有加。清光绪二十九年（1903），因科举制度废除，震川书院被迫停办。抗战时期，震川书院大部分建筑为日寇飞机炸毁。现书院部

安亭中学内震川书院古址——海月亭

分遗迹被保存于震川中学内。

　　当湖书院位于今嘉定孔庙东侧，前身为清雍正初年所建"兴文书院"。乾隆二十年（1755）改建为"应奎书院"；乾隆三十年（1765），嘉定知县杜念曾仰慕因"德有余而才不足"被罢黜的康熙年间嘉定知县陆陇其之政绩，乃修葺孔庙旁的"应奎书院"，增设讲堂，并取陆氏出生地浙江平湖之当湖镇而易名为"当湖书院"。陆陇其（1629—1692），字稼书，素有"天下第一清廉"之美誉，康熙十四年（1675）出任嘉定知县。在任期间，他崇尚德治，倡导教化，体恤民情，惩恶除弊，故其离任后，嘉定人民感其恩德，于城乡各地为其兴建生祠 20 余座，均称"清廉书院"。书院虽久历风霜，但规模完整，保存较好，为上海地区唯一现存的古代书院，现已辟为嘉定博物馆陈列室。

郑和远洋第一程：嘉定与刘家港

从今天的上海市地图来看，嘉定区既不滨海也不临江，算是一个不折不扣的内陆郊区，人们似乎很难把它同历史上赫赫有名的"郑和下西洋"这一远洋航海伟业联系在一起。但事实上，明代郑和起碇远航的第一程，确实就是从当时的嘉定县开始的！这究竟是怎么一回事呢？要说清楚这件事，必须从嘉定县的水文条件、县域变迁，以及它同刘家港的历史渊源等方面讲起。

历史上的嘉定县辖域面积远迈今天的嘉定区行政范围，

郑和七下西洋路线

太仓郑和纪念馆的郑和雕像

曾经是一个东北抵邻长江出海口、拥有多条长江支流河道出海口的沿海望县。不过，如今的嘉定区江海区位优势早已不再，这主要是由于历史上两次规模较大的析置事件。

第一次事件发生在明孝宗弘治十年（1497），朝廷决定析昆山县、常熟县之部分乡，以及嘉定县之循义、乐智、服礼三乡部分土地，置太仓州。其中，循义、乐智两乡东部均系滨江地带，这次析置使得嘉定县东北境江岸线北端有所南移。

第二次事件则发生在清世宗雍正二年（1724），朝廷决定析嘉定县东境之守信、依仁、循义三乡部分土地，置宝山县。这一次析置使嘉定县域面积几乎缩小一半，同时也造成嘉定县彻底失去了东部沿海区位以及县内所有河流的出海口，从而成了一个东与宝山县、西与昆山县、北与太仓县、南与青浦县为界的内陆县城。

郑和下西洋是明代永乐至宣德年间的远洋航海活动，首次航行始于明成祖永乐三年（1405），末次航行结束于明宣宗宣德八年（1433），共计有七次。从时间线上看，郑和远洋之时，嘉定县上述两次析置事件尚未发生，所以它具备作为远洋航行始发地的必要区位条件。在七次航行中，郑和均是率领船队从南京出发，在刘家港集结，而后至福建福州长乐太平港驻泊并伺风开洋。当时的刘家港，就是现今江苏省苏州太仓市的浏河镇，正是由于这个原因，人们一提郑和七

太仓郑和纪念馆前的"锚泊瀛涯"主题雕塑

次下西洋，便会第一反应想到江苏太仓。然而，问题接踵而来——刘家港在当时是否隶属于太仓呢？

这里，首先要明确一个前提，即郑和下西洋之时，并不存在所谓太仓县或太仓州这样一个行政建置。作为一级行政机构的太仓州，明孝宗弘治十年（1497）才建立起来的，建州后隶属南直隶苏州府管辖。在此之前，明洪武年间（1368—1398）只在当地设过一个军事卫所——太仓卫，但其治地及辖区并不包括刘家港（主要管辖今太仓市城厢区至浏河一带）。也就是说，郑和远洋期间（1405—1433），从行政归属上看，刘家港并未隶属太仓，而是隶属于嘉定县乐智乡。

当然，刘家港的繁荣并非由明代才开始，实际上，刘家港起于南宋，兴于元代。为实现南粮北运的经济需要，元朝政府重修大运河，新辟海运，不断扩大海外贸易，逐渐使刘家港成了当时江南漕运和海运的集结地。至明代，明成祖朱棣利用刘家港优越的港口条件和雄厚的物资实力，最终选择将其作为郑和下西洋的起碇港和收泊港。

刘家港距离嘉定县治所在仅15公里，作为江南出海通途要津之一，刘家港的繁荣活跃也直接带动了元明时期嘉定地区的海外贸易发展。此外，嘉定一地的海上运输业和与之相关的造船业也得到长足发展，甚至还涌现出了一大批杰出的海运人才，比如张瑄、沈雷奋、沈文辉、沈珪、瞿名三等嘉定籍海运家，都曾担任过元朝海道运粮千户。[1] 其中，"海盗"出身的张瑄更是首创了海运漕粮事业，为整个元代漕粮海运体系的建立做出了巨大贡献。在这些南粮北运航线中，刘家港也当仁不让地成了最主要起点。

历史上，嘉定人曾引领过中国外海航运之先，同时，身属江南水乡，嘉定人也素得内河舟楫之利。在今嘉定区南北两端，各流经一条重要河流，在北乃浏河，在南即吴淞江也。

浏河古称刘河，与娄江渊源甚深。从古至今有过两条娄江，古娄江频繁出现于唐代以前的历史典籍中，作为吴地"古三江"（即娄江、松江、东江）之一，它是太湖的重要泄洪道之一，但古娄江在中唐以后已经湮废。今娄江原名昆山塘，北宋至和二年（1055）疏浚后，改名至和塘，明弘治年间（1488—1505）改称娄江。今娄江也源出太湖，但其河道走势与古娄江不同，清代《太湖备考》记载："太湖水从鲇鱼口入鱶（yà）塘（今苏州市吴中区西塘河）……于五龙桥外折而东，至澹台湖，出宝带桥入运河，复折而北至葑（fèng）门，与盘门之水合流，至娄门东北，由至和塘至太仓之刘河入海。"

由此可见，浏（刘）河就是今娄江的尾部入海段。历史上曾经多次对娄江进行疏浚，其中自然也包括对浏河的疏通

---

[1] 陶继明：《吴郡东南一重埠——繁华一时的嘉定州》，《嘉定报》，2018 年 5 月 29 日。

治理。因浏河近海，两岸农田常受海潮咸水倒流之苦，清道光三年（1823），时任江苏按察使的林则徐就组织民工在浏河口整修水闸、筑坝御潮，同时又疏浚河道、排水救灾。清同治五年（1866），时任两江总督的李鸿章也曾疏浚浏河，全段"长七千余丈，面宽十二丈，底宽半之，深一丈"。由于刘家港位于浏河出海口附近，因而亦称"浏河港"。

吴淞江古名"松江"，其水来自太湖，乃"古三江"之一。自先秦至唐宋时期，吴淞江水量浩瀚，江面宽阔，一直是太湖水泄入东海的主要通道。不过，从宋末元初起，由于战乱失管、泥沙淤积、水利废弛、围垦无序，吴淞江江面日益缩小。元明以来，虽几经疏浚，未见根本扭转，最终确定了"黄浦夺（吴）淞入海"的当今格局。吴淞江总长125公里，上

太仓郑和纪念馆内仿明代郑和宝船

"扬帆起航走向世界"雕塑成
为太仓浏河镇的标志

海市境内河段长 53.1 公里，流
经今青浦、嘉定、闵行、普陀、
长宁、静安、虹口、黄浦诸区。
其中，吴淞江流经嘉定区内约 16
公里，而安亭镇内约有 12 公里，
目前嘉定区政府已启动吴淞江生
态廊道建设工程，以期全力改善
嘉定段河道面貌。

江南武举第一乡——徐行

"阳明心学"创始人、明代杰出思想家王守仁曾言:"仲尼(即孔子)有文德,必然修武备,区区章句之儒,叨窃富贵,遇事临危而无以应对,此通儒之羞也。"怀有远大抱负的读书人不仅应当习文以明理,亦应当讲武而修身。要深入理解嘉定的人文精神,仅从"以文教化"的角度来解读是远远不够的,实际上,嘉定一地至今仍然传承着崇尚忠义勇武的历史文化传统。这里,论及笃义尚武,就不能不提到号称"武举之乡"的嘉定徐行。

徐行本为嘉定县内一处小市镇,因纪念明代里人徐冕创市而以其姓氏命名,又名"徐家行"。在清代,徐行当地的布业和蒲鞋业十分发达;清末民初,徐行又成为嘉定县东北部知名的黄草编织品交易集散地。根据今人所修《嘉定县志》记载:"黄草编织"为徐行农家的主要副业,素称"黄草之乡"。

新中国成立前,徐行市街南北约 0.5 公里,尚有商店 20余家,每日早市一次。之后,1958 年,建徐行人民公社。1959年,析徐行人民公社所辖之华亭地区,建华亭人民公社。1961

年，又析出徐行人民公社所辖之曹王地区，建曹王人民公社。
1983 年，改徐行人民公社为徐行乡。1993 年，撤销徐行乡建
制，所辖区域建徐行镇。2001 年，撤销徐行镇、曹王镇建制，
合两镇区域重建徐行镇。

　　明清时期，在宝山县尚未从嘉定县析出之前（清雍正二年
正式析置），嘉定地区流传有一段民谣："金罗店，银南翔，
教化嘉定食娄塘，武举出在徐家行。"这段民谣赞美了罗店、
南翔的富庶，娄塘小吃的精美，以及徐行一地因出过武举人而
引以为豪。[1] 人们不禁要问："黄草之乡"究竟是如何转身而
为"武举之乡"的呢？实际上，嘉定人自古以来就有练习武术

徐行武术

[1] 汤克友：《"教化嘉定"试探》，《嘉定报》，1998 年 3 月 12 日。

徐行武术的传承

的体育文化传统。根据史料记载，嘉定古时多有村、乡、县层层武术比赛，其中佼佼者可以获得"武师"称号，而在徐行一地，这类武术人才十分兴盛，仅有清一代就涌现出杜福良、朱旦明、姚庆云等多位武术家。

英雄男儿当习武报国，在这些武术人才的积极影响下，自明至清，嘉定地区竟出现了武举进士 20 名，其中有 4 位姓徐，可以说，徐行"武举之乡"的名号就是从那时延续下来的。相传，清代徐

清末武秀才徐行人氏杜福良塑像

行武师杜福良考中清末武秀才后，便在胡家厅（今徐行镇钱桥村）开设习武场，引得四方好武者云集于此；此后，他又在武举乡试中一举中的，凯旋之时，庆贺队伍尾随相行，由嘉定到徐行、过新木桥、再到胡家厅，一路金锣大鸣，热闹非凡。[1]

历史上的武举制度创始于武则天长安二年（702），而兴盛于明清两代。明代武举创制甚早，但制度一直没有确定下来；至清代，朝廷对该项制度的重视程度大大提高，在国家大力倡导下，武举制度日益严密，录取过程也相对公正，因此，民间习武者对武举考试趋之若鹜。直到清末，国家衰败、武备松弛、外患不止，落后的武举制度才在清光绪二十七年（1901）正式废止。明清两代，嘉定地区武举之盛，可以说是见证了武举制度的最后荣光。

1998 年，一位喜好武术的嘉定籍民营企业家徐根明在徐行镇投资建造了嘉定武术馆，同年 9 月，又投资建立了嘉定武术学校。2010 年，在徐行镇党委、政府和中国武术博物馆的支持下，嘉定武术学校又创建了全国首家武科举博物馆。"武举出在徐家行"的新时代民谣，又一次唱响在嘉定徐行之地。

嘉定武术馆

武科举博物馆陈列的武魁牌匾

千古忠义陆秀夫与马陆故事

今天的马陆，既是嘉定区中部偏东的一个区属镇，又是嘉定新城的主要组成部分。它地处上海市西北郊，东与宝山区接壤，西与安亭镇相连，南与南翔镇衔接，北与嘉定镇毗邻，辖区面积约 62.52 平方公里。马陆镇水陆交通便利，陆路有沪宜公路贯穿南北，广安公路横越东西，沪嘉高速公路南北穿越全境，水路则有蕰藻浜、横沥河、马陆塘等几条大河流经镇域。

南宋嘉定建县后，马陆地区属嘉定县守信乡，彼时尚无"马陆"之提法。以"马陆"为地名，大约出现在宋末元初；元明两代，马陆地区开始出现较大规模的集市。清康熙十年（1671），嘉定知县赵昕为赈灾，在四乡设立粥厂，向灾民施粥，后即以"厂"代替"乡"管理地方行政事务，遂有"马陆厂"之名。清代时，马陆有市街南北约 0.5 公里，商店 30 多家，每天一市，多以花布和粮食贸易为主。清宣统元年（1909），又改马陆厂称马陆乡，"中华民国"沿袭这一建置。

1949 年设马陆区，属嘉定县。1957 年，复称马陆乡。1958 年 1 月，嘉定县从江苏省划归上海市，马陆遂随之归属

上海市管辖。1958 年 9 月，成立马陆人民公社。1959 年 5 月，
析马陆人民公社为马陆、戬浜、嘉西三个人民公社；同年起，
马陆因农业合作化成绩突出而作为样板公社，开始陆续接待外
宾。1959 年至 1987 年间，竟有 120 多个国家和地区、近 3 万
人次的外宾到马陆参观访问，为上海市郊县人民公社之最。
1980 年，马陆人民公社还与日本大阪市建立友好关系，被命名
为"上海—大阪友好人民公社"。1983 年，成立马陆乡。1993 年，
撤乡建镇，成立马陆镇。

　　进入 21 世纪以来，由于轨道交通 11 号线的联通，马陆城
镇发展速度大大提升，广厦高楼拔地而起，绿茵草地花团锦簇，
马路街道焕然一新，已然呈现出一派现代文明的城市景象。现
在的辉煌往往会"遮蔽"过去的荣光——事实上，早在改革开

1963 年 4 月 24 日，周恩来同志视察马陆人民公社

1983 年时的马陆乡政府门楼

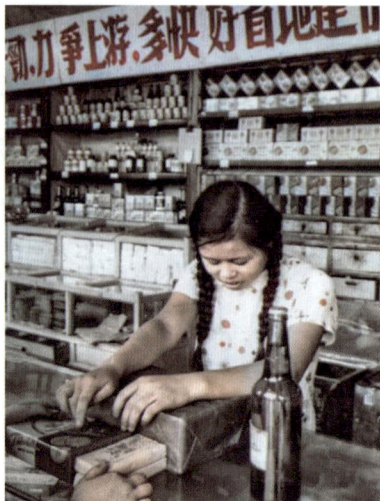

1964 年，嘉定马陆的供销社售货员

放之初，马陆就已经是上海市郊第一个"千万富翁乡"、第一个"亿元乡"；若再往前追溯，还可发现，嘉定马陆一地其实拥有非常深厚的历史人文内涵。当代马陆镇所取得的成就，显然离不开历史马陆原本深厚的传统土壤；正是在这一优秀文化根基之上，马陆的优良传统得到了继承、发展和创新。

马陆镇深厚的历史文化底蕴主要体现在三个方面：一是悠久的地名文化底蕴。南宋末年，蒙古军队大举南下，左丞相陆秀夫之子陆南大就曾避难在此。陆秀夫（1236—1279）为南宋名臣，字君实，江苏盐城人。南宋理宗宝祐四年（1256），他与文天祥同中进士，官至端明殿学士、签书枢密院事，后因与丞相陈宜中朝议不合而遭贬谪，举家迁居澄海（今广东汕头）。时值元兵进犯，南宋京城临安陷落，皇室仓皇南逃。国难当头，陆秀夫毅然应召勤王，保护幼帝辗转粤海，坚持抗元，直到生命最后一刻——在粤中的厓山（今广东新会），后有追兵，前有大海，陆秀夫宁死不降，背负幼帝赵昺（bǐng）投海而死。

相传，陆秀夫背负幼帝跳海前曾将儿子陆南大托付给一位马姓部将。该部将逃生至嘉定南门外，隐姓埋名，把陆秀夫之子认作自己儿子，取名马

陆秀夫画像

陆秀夫负帝殉海像

马陆葡萄主题公园

陆。陆南大长大之后，十分感激这位冒死扶养自己的马姓部将，便将自己的居住地称为"马陆"。今日马陆镇境内仍有一村落，名曰"陆家村"，据说陆南大的后裔就在此繁衍。这一传说究竟是否属实？因缺乏史实支撑，恐难全信，但在清代编纂的《马陆志》和《嘉定县志》中，确实记载了"（马陆）因昔有马军司陆南大居此，故得其名"的说法。由其地名而追思前贤，陆秀夫千古忠义的历史故事，对嘉定人笃义尚武、刚强坚毅的文化性格养成，确实有着非常重要的积极影响。

二是饶沃的历史文明底蕴。唐、宋、元、明、清各朝代都在马陆镇留下了古迹遗存。根据清光绪《嘉定县志》记载：元代就有唐代庄府君墓开掘的传说；南宋则留下了抗金名将韩世忠修筑的烟墩。除此以外，古代碑刻及古屋、古桥、古园、古树名木等至今尚存者亦不在少数。这些历史文明遗迹充分展现了马陆先民的聪明智慧，反映了马陆先民的优秀文化内涵和传统民俗民风，闪烁着马陆古代文明的灿烂光芒。

三是丰富的名人名事底蕴。在古代嘉定县域中，马陆地区所出历代名人可谓灿若群星。如龚氏为嘉定马陆著名的文化世家，自宋代开始，龚氏一门共出了 13 名进士，享有"江南无二"之美誉。至明清之际，马陆也是文人辈出，如有名震明代江南文坛的娄坚，亦即"嘉定四先生"之一；有巨著《资治通鉴补》的作者严衍，该书被赞为明清研究《资治通鉴》之集大成者；有明末清初高风亮节的诗人陆元辅；有嘉定历史上第一个状元王敬铭；此外，还有一代隐士王泰际、良医王翔、诗人赵俞等。后自清末民初至现代，马陆地区更是高人云集，如济世名医张山雷、抗日英雄张乃璜和朱向荣、教育专家张乃璇、农业化学家陈耕陶、昆虫学家陶家驹等，都可视为马陆人的骄傲与财富。[1]

---

[1] 仲富兰：《充分挖掘马陆镇的历史人文内涵——关于马陆镇民俗文化创意产业发展的思考和建议》，《上海马陆·长三角新农村文化繁荣与经济发展论坛论文集》，2010 年。

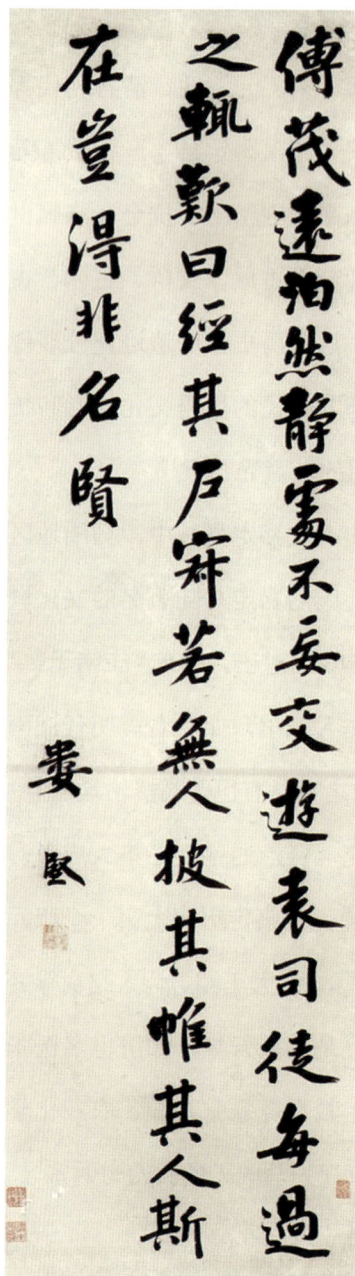

傅茂遠恬然静穆不妄交遊表司徒毎過之輒歎曰経其戸牖若無人披其帷其人斯在豈得非名賢

娄堅

娄坚书法

名医张山雷

王敬铭山水画《雨后山家》

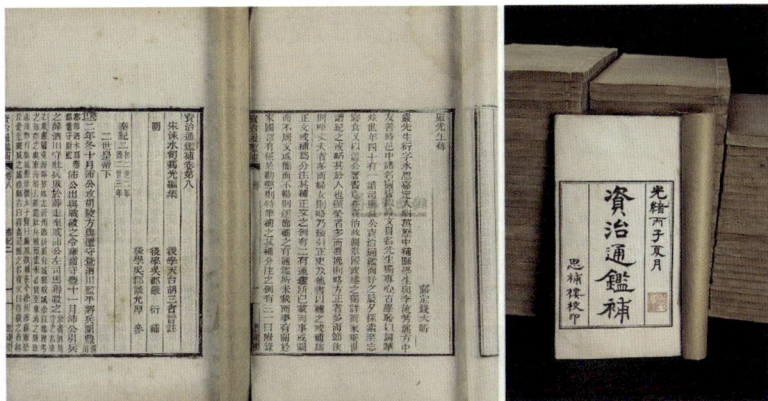

严衍巨著《资治通鉴补》

安亭——中国蓝印花布发源地

安亭，蓝印花布发源地

许多外国友人十分钟爱中国民间的蓝印花布，认为这种中国传统印染工艺品纯真而又朴素、鲜明而又典雅，蓝白两色间透露出浓郁的艺术之美，与中国瓷器品类中的青花瓷有着异曲同工之妙。但却很少有人知道，今天嘉定区的安亭镇就是这种蓝印花布的主要发源地之一。

从印染技术发展史上看，历朝历代生产蓝印花布的印染方法一共有四种，分别是夹缬、葛缬、绞缬和灰缬。所谓"缬"（xié），是古代印染工艺中对防染印花品的统称，其中，"葛

缬"就是现在所谓的蜡染，"绞缬"就是扎染。而"夹缬"是
指用两块互相吻合的阴刻纹样木板夹住织物染色，由于织物被
木板的表面夹紧，染液无法渗透，只有阴刻成沟状的凹进部分
可以让染液流过，于是便在织物上染出了预设纹样。

最后一种"灰缬"在中国民间流传最广，目前传世的古代
蓝印花布精品，基本上都是用这种印染方式制成的。"灰缬"
在中国古代典籍中又可称之为"药斑布"，其中，"药"即指
染色原料——蓼蓝草，而"斑"则指防染浆剂印后所构成的纹
样大小斑点。这些斑点可以防止染上蓝色，并保留下坯布白色，
因为在一片蓝色中所保留的白色斑点犹如朵朵小花，故民间又
俗称其为"浇花布"。

这种"药斑布"与嘉定安亭有着极其深厚的渊源关系。明

蓝印花布断刀与花担匠工艺　　　　　　　　　变幻无穷的蓝与白

市民体验安亭传统药斑布染制工艺

代正德年间编纂的《姑苏志》与清代康熙年间编成的《古今图书集成·职方典》均记载道："药斑布出嘉定及安亭镇，宋嘉定中有归姓者创为之。以布抹灰药而染色、候干、去灰药，则青白相间。有人物、花鸟，作被面、帐帘之用。"这就明白无误地告诉了人们，至今流行的以"灰缬"技术为主的蓝印花布印染工艺，实际上就源自安亭。

除了方志典籍记载外，在安亭民间至今还流传着有关梅、葛二仙传授蓝印花布制作技艺的传说故事：据说，古时吴淞江北岸的安亭吕浦村长有蓼蓝草，江边一户贫困农家养了两只羊，夫妇俩白天忙于农活，忘了割草喂羊，傍晚收工时随手在路边摘些蓼蓝草回去给羊吃。谁知第二天去羊棚，羊未吃蓼蓝草，而原先的绿叶却呈现出了新奇的蓝色，夫妇俩因亲手采摘过此草，连手指也沾染了蓝色，水洗不净。夫妇俩忽发奇想，如用此草染白布，必定能够收到奇效。

于是，他们在岸边大量采摘蓼蓝草，置于大缸中，注水后盖上木板，板上又压石灰。隔日黄昏，夫妇俩只见缸水发黄却不见呈蓝，心中纳闷。此时，门口来了两个叫花子，衣衫褴褛，欲求借宿。夫妇俩宅心仁厚，不忍拒绝，便由男主人备下酒菜亲自招待两个叫花子。谁料想，喝至三更，三人大醉，匆忙中呕吐入缸，缸盖上之石灰也不慎滑入缸中。事后，三人倒头大睡，翌晨，叫花子告辞，男主人叫来妻子，准备将一缸脏物倒掉，却意外发现了缸中之水已呈蓝靛之色。原来，要使蓼蓝草变靛蓝色，必须加入适量的酒精和石灰。后来，夫妇俩才得知，那两个叫花子原是"染神"，一个叫梅福，一个叫葛洪，因念夫妇俩勤劳持家、乐善好施，故而施展神通，偷偷地将染蓝秘诀告之。"染神"之说虽无从查考，但全国各地染坊确实都会在店铺中供奉这两位"染神"，传说故事反倒成了一种行业信仰。

当然，民间传说只能算是"蓝印花布出安亭"的一个旁证，安亭之所以能够成为"蓝印花布之祖"，关键还在于它的自然地理条件与产业经济基础。

安亭地处嘉定古冈身西侧，早在约 7 000 年前就已形成陆地，它可以说是上海地区最早出现的地名之一。汉袭秦制，"十里一亭，以安名亭，以亭为镇"，安亭之名遂沿用至今。1963

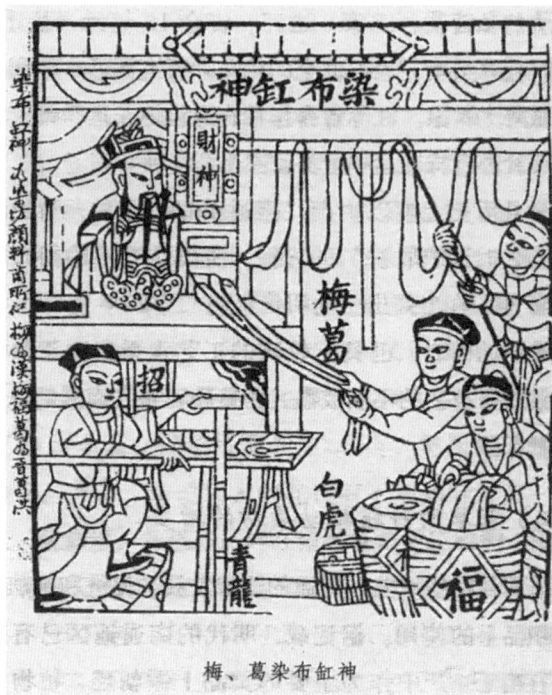

梅、葛染布缸神

安亭染布缸神梅、葛二仙的传说

年，安亭曾出土过西汉陶罐，这也说明早在汉代已有先民在此繁衍生息，圩田垦殖。三国时期，东吴赤乌二年（239），孙权为其母于安亭北面兴建菩提寺，此后附近居民逐渐聚集，安亭由此而成村落。北宋建隆元年（960），设安亭乡，属昆山县。南宋嘉定十年（1218）嘉定建县，安亭乡由嘉定、昆山二县分治，但其大部属嘉定县，后改称服礼乡。明清时期，安亭已发展成为江南地区一大丰邑巨镇。民国时期，安亭区隶属江苏省嘉定县。1949年5月13日，安亭解放。1958年，安亭镇被正式规划为上海市工业卫星城镇。1959年，黄渡人民公社划分为黄渡、方泰、安亭3个人民公社。1983年，改称安亭乡。1987年，撤乡建镇。2000年，与方泰镇合并建立安亭镇。2009年，又与黄渡镇合并建立了新的安亭镇，并延续至今。

从气候条件来看，安亭地区温暖湿润，十分适合蓼蓝草的生长。每年五月，是收割头蓝的季节，收割二蓝约在大暑季节。割蓝那天，农人凌晨3点就须起床，因为所割蓝草须在日出前完成，这样的蓝草出靛率最高。收割后的蓝草被束成小捆，头向下放入坑中，灌满水，待出蓝后捞出茎叶，并加适量石灰水使蓝靛下沉，最后坑中蓝靛上多余的水流出，待蓝靛成泥状"土靛"后，装于陶制坛中以留作染布用。

光有染料蓝靛还不够，蓝印花布的基本原料还有棉布。不难想象，如果古代嘉定的棉纺织业不够发达，那么，蓝印花布的整个生产行业也不可能被完全支撑起来。其实，早在南宋时

今日安亭老街

期，嘉定地区的棉布就已十分出名。元代元贞年间（1295—1296），黄道婆从崖州（今海南三亚）回到松江府，向里人传授棉纺织先进工艺。由于相距未远，嘉定人也从黄道婆那里"尽得其弹弓、纺车、踏机、掷梭之法"，后加以改进并发明了"坚致而利用"的黄渡徐家织布机，名噪一时。整个明清时期，来自安徽徽州的布商每每云集嘉定，将这里的棉布运销往南北各省。安亭人抓住时机，开发出了许多蓝印花布种类，包括浆布、黄布、线毯、棋花布、高丽布等，这些布品很快便得到了全国各地布商的追捧。

从此以后，蓝印花布就成了安亭历史上最有名的土特产。清代诗人朱彝尊有诗云："练江风物最牵怀，药布筕筒布满街。"诗中"练江"为嘉定别称，而"药布"即指"药斑布"也。清中期嘉定籍学者王鸣盛也曾作诗云："一九二九征雁飞，三九清霜秋叶稀，四九夜眠如露宿，催裁药布制寒衣。"这里显然生动描绘了其家乡百姓以"药斑布"制衣的情景。曾几何时，嘉定地区的诸多市镇上随处可见数量众多的各色蓝印花布染坊，但近代以来这一印染行业在嘉定地区迅速衰落了。时至今日，我们仍然由衷地希望，蓝印花布及其印染技艺作为一种珍贵的非物质文化遗产，能够在其发源地重新寻回昔日的荣光与风采。

佛耶同旨：吴兴云翔菩提寺 善牧露德真理堂

　　每个宗教都应是导人向善的，从古至今嘉定地区先后出现了佛教、道教、天主教、基督教、伊斯兰教等宗教，并留下了许多宗教遗迹及活动场所，它们有效提升了嘉定的历史人文底蕴，也丰富了教化嘉定的深刻内涵。

　　在佛教中，嘉定有以下寺庙比较出名：一是吴兴寺。吴兴寺坐落在今嘉定区外冈镇，历史上为禅宗遗址，高僧辈出。相传始建于南朝梁天监十年（511），五代后汉乾祐二年（949），

外冈吴兴寺

僧用通募资重建。北宋开宝四年（971），寺内筹资修建大佛，据说有三千名匠役投身这项工程。明永乐九年（1411），僧至宝又重修寺庙。乾隆二十六年（1761），重新修葺天王殿、大雄宝殿、大悲阁、崇福、永德及文昌阁等寺内建筑。晚清时期，寺渐倾圮，《浦有成吴兴寺怀古和王云凛》诗云："梵王宫殿草离离，经始犹传天监时。破衲不缝僧乞米，断碑无字客题诗。云沉远树群鸦乱，日冷山门落木悲。曾记鼠姑花放后，与君吟眺夜归迟。"

解放后，吴兴寺曾作剧场、农机站，在"文化大革命"中，大雄宝殿、大悲阁等全部被拆除。1994年，外冈镇政府筹集资金100多万元重建吴兴寺山门和天王殿，1995年正式对外开放。目前，寺内有天王殿、大雄宝殿、配房等共5 000平方米建筑。寺内有一尊高大铜佛铸像，即名闻遐迩的正定人菩萨。

二是云翔寺。云翔寺位于今嘉定区南翔镇，始建于南朝梁天监四年（505），初名"白鹤南翔寺"。唐时达到鼎盛，寺基扩大到180亩（1亩约为666.7平方米）。南宋绍定年间（1228—1233），因宋理宗赵昀赐"南翔寺"匾额，而更寺名为南翔寺。清康熙三十九年（1700），清圣祖赐额"云翔寺"，故又易名为云翔寺。清末太平天国东征之役，寺庙随南翔镇几至尽毁，抗日战争时期，残殿再罹战火，至1949年时，寺庙仅地藏殿尚存一僧，其余所见仅有双塔一对，以及散落在古猗园内的唐

南翔云翔寺

石经幢和宋普同塔而已。

1998 年起，南翔镇政府决定重建云翔寺，历经六载寒暑，终于在 2004 年举行了云翔寺落成典礼。全寺为仿晚唐风格的寺院建筑群，三进庭院，依中轴线作对称布置，由山门殿、伽蓝殿、大势至殿、观音殿、文殊殿、普贤殿和地下建筑万佛堂、功德堂及其他辅助建筑组成，建筑总面积近 1 万平方米。其中，钟、鼓楼之高和地下万佛堂、功德堂之大，均为迄今上海地区寺院之最。

三是菩提寺。菩提寺位于今嘉定区安亭镇，始建于三国东吴赤乌二年（239），既是嘉定境内最早的佛寺，也是上海地区历史最悠久的佛寺之一。北宋初年敕赐"菩提"匾额，因而

安亭菩提寺

更名为菩提寺，沿用至今。北宋开宝年间（968—975），僧慧才重修菩提寺，但其后数百年间未再修葺，寺庙逐渐破败。明万历二十年（1592），菩提寺大雄宝殿倾圮，佛像毁坏，千年古刹几乎毁尽。这时，有一杭州僧人海月过而见之，悲极而泣，发誓修复此寺，乃求铁匠铸百斤重铁锁一枚，锁于颈上，将钥匙投入菩提寺古井内，并向众人明誓"不复宝殿，不开铁链"。此后五年，僧海月负锁云游劝募，终于化来重金，重新建成大雄宝殿。宝殿落成之日，民众无不欢欣鼓舞，随即从井中取出钥匙，为僧海月开锁去链，并一致推举他为菩提寺主持。

　　清末以来，菩提寺历经战乱，年久失修，只残留下原山门桥、古银杏树和"投钥井"几处遗迹而已。2003年，安亭镇政府决定迁址重建菩提寺。历经四年时间，最终于2007年举行菩提寺大雄宝殿重建落成暨佛像开光庆典，寺东"永安塔"亦同时建成。历史上的菩提寺与安亭镇的诞生有着密切关系，由于菩提寺香火日盛，声名隆起，因而四邻人烟聚居，集而成镇。至今，安亭百姓与佛教信众仍会自豪地口耳相传一句话："天下两个半菩提，安亭菩提占其半。"

在天主教和基督教中，嘉定有以下教堂也很出名：一是善牧堂。善牧堂是基督教教堂，位于今嘉定城区内。清光绪八年（1882），美国圣公会牧师吴虹钰于虬桥北塊（今嘉定城区西大街）买地建堂。清光绪十年（1884）教堂建成，定名"善牧堂"。清光绪十五年（1889），教会于此开办女子

善牧堂

学校，翌年又增设男子学校，并先后在外冈、方泰、安亭等处设立分堂。解放后，1956年，各分堂合并。1966年，善牧堂停止宗教活动。直到1982年，善牧堂得到重新修葺，并恢复宗教活动。近代历史上，这里曾经举办过宋耀如与倪珪贞的婚礼，正是这对夫妻在婚后生养了宋蔼龄、宋庆龄、宋子文、宋美龄、宋子良、宋子安这六位民国风云人物！1993年，善牧堂迁址清河路。

二是露德圣母堂。露德圣母堂是天主教教堂，位于今嘉定区南翔镇，始建于清光绪二十九年（1903），由青浦籍神父陈维正与沈洁宝等教友筹资兴建。教堂是一座德国式钢筋水泥的西欧建筑，堂内无廊柱，全由混凝土浇筑而成，占地面积约14亩，建筑格局由圣堂、神父楼、男子学校、女子学校四部分组成。

露德圣母堂

圣堂祭台正中有露德圣母像，因而得名。男、女学校可免费就读，是故许多穷苦家庭孩子得以接受教育，教堂中神父与修女因而深受当地民众爱戴。1937年9月，神父楼及男、女学校被日寇飞机炸毁，所幸圣堂得免。1947年，徐中枢神父为做弥撒而于圣堂边新建平房三间。1955年，露德圣母堂停止宗教活动，房产被当地房管所收走，直至2000年方得重建开放。

　　三是真理堂。真理堂是基督教教堂，也位于今嘉定区南翔镇内。真理堂修建稍晚，于1914年建成，原名"耶稣堂"。抗战时期毁于战火，1985年修复，是嘉定地区较早恢复宗教活动的基督教教堂之一。1996年7月，根据南翔城镇总体规划，教堂移至今翔乐路重建。1997年7月，新堂落成，由原中国基督教三自爱国运动委员会主席、中国基督教协会会长丁光训

真理堂

主教，亲自为其更名为"真理堂"。

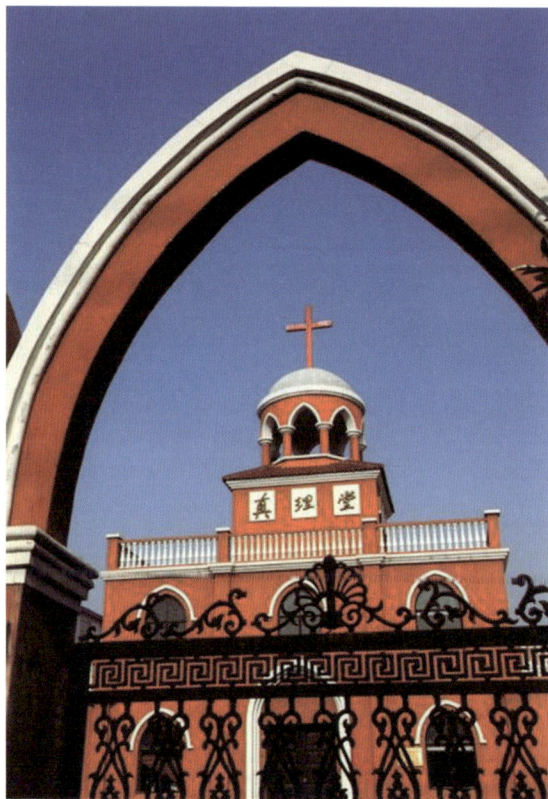

真理堂一景

嘉邑春风园林秀 古猗秋霞光景新

　　习近平总书记曾讲道：古建筑是历史载体，也是构成历史文化名城的要素之一；"保护好古建筑、保护好文物就是保存历史，保存城市的文脉，保存历史文化名城无形的优良传统"。作为江南尤其是上海地区的历史文化名城，嘉定自古以来人文蔚起、代不乏人，为后世留下了灿若繁星的文人园林。这些园林景观以私家花园为主体，既有精致的空间布局，又富浓郁的文化气息，成了嘉定深厚历史文化底蕴的重要承载与见证。

　　根据相关史料记载，嘉定一地历朝历代的著名私家园林包括宋代的怡园（在今南翔镇，宋陆纮辟）、赵氏园（在今嘉定城区，宋户部仪曹赵安国辟）和元代的浦氏园（在今嘉定城区，辟者不详）等。

　　明代的水邱园（在今嘉定城区北大街，辟者不详）、听雪园（在今南翔镇，明陆孟宣辟）、韩氏园（在今徐行镇娄塘，明韩瑄辟）、梅谷山园（在今嘉定城区石马弄，明兵马指挥徐勖辟）、东园（在今嘉定城区东大街，明御史沈灼辟）、市隐园（在今外冈镇，明孙以明辟）、龚氏园（在今嘉定城区，明尚书龚弘辟）、归有园（在今嘉定体育场附近，明尚书徐学谟辟）、腾氏园（在今嘉定城区南大街，明腾伯诚辟）、沈氏园（在今嘉定体育场附近，明太学生沈科辟）、三老园（在今南翔镇，明李文邦辟）、涉园（在今徐行镇娄塘，明陈炎辟）、时氏园（在今嘉定城区，明侍御时偕行辟）、归氏园（在今嘉定城区，明侍郎归子顾辟）、石冈园（在今嘉定城区石冈门，明沈学博辟）、侯氏东园（在今嘉定城区，明侯震旸辟）、唐氏园（在今嘉定体育场附近，明唐时升辟）、张氏园（在今嘉定城区，明太学生张士悫辟）、檀园（在今南翔镇，明李流芳辟）、嘉隐园（在今南翔镇，明刑部侍郎张景韶辟）、赵氏园（在今嘉定城区孔庙附近，明监察御史赵洪范辟）、蔄（kē）园（在今南翔镇，明张崇儒辟）、杞园（在今南翔镇，明张鸿磐辟）等。

清代的南园（在今嘉定城区，清王霖汝辟）、非园（在今安亭镇方泰，清王玑辟）、颐园（在今南翔镇，清张履素辟）、嘉树园（在今南翔镇，清盐运使叶昱辟）、桐园（在今南翔镇，清李凤昌辟）、兰陔小筑（在今南翔镇，清叶如山辟）、藤花别墅（在今嘉定城区南杨树滨北，清浦永元辟）、胡氏园（在今嘉定城区西大街，清胡起凤辟）、平芜馆（在今嘉定城区，清张大友辟）、巢寄园（在今南翔镇，清朱嘉禄辟）、南园（在今南翔镇，清强联卿辟）等。

民国时期的陈家花园（在今南翔镇，辟者不详）、黄家花园（在今江桥镇封浜，黄伯惠、黄仲长兄弟辟）、雪园（在今嘉定城区，胡雪帆辟）、范家花园（在今嘉定城区东大街，罗仁圭辟）、金家花园（在今嘉定城区，金鼎康辟）、姜家花园（在今嘉定城区，辟者不详）、朱家花园（在今嘉定城区，朱理民辟）、潘家花园（在今嘉定城区，潘仰尧辟）、叶家花园（在今嘉定城区，叶心符辟）等。

上述园林大多已不存，或仅留下部分遗迹，但另有两处园林几经翻建，至今依然光景如新，成了嘉定地区极具特色的两张旅游名片，它们就是有"上海五大古典园林"之称的秋霞圃、古猗园。

秋霞圃位于今嘉定城区东大街，原址是明代龚氏园、金氏园和沈氏园，清雍正、乾隆年间，三园渐合为一园，并属邑庙（即城隍庙）后园。龚氏园为龚弘所建，他曾历任明代福建右布政使、应天府尹、工部侍郎、工部尚书，正德十六年（1521

秋霞圃大门

秋霞圃红叶

年迈乞休，回乡后于嘉定县城隍庙西住宅内造园，以山石池沼、曲径廊榭取胜，此园三代过后，为汪姓徽商购去。明万历年间，龚宅有邻名金兆登，亦在宅畔遍种翠竹、凿池叠石，筑成金氏园。同期，又有邻沈弘正在龚氏园东侧造园。龚、金、沈三园遂毗邻相连。

明末清初，龚氏园几易其主，新主人因见秋日晚霞映于城头而照入园中，颇为娆丽，故改园名为秋霞圃。清雍正四年（1726），园主将秋霞圃让与县城隍庙作为庙园，其邻金氏园、沈氏园亦先后并入。乾隆年间，嘉定商品经济繁荣，商人喜在园内集会议事，官府亦常于此宴客，原来三园景物因有损废，便又添建厅堂亭阁。咸丰年间，太平军东征，与清军在嘉定几次激战，秋霞圃亦受破坏，只剩颓垣残壁，草满池塘，山石零乱。光绪二年（1876）乃兴修复，至辛亥革命后，万复旧观。

1920年，园中设启良小学，部分厅堂斋室被改建为教室、办公室等。抗战时期，嘉定沦陷，学校停办，园区为日伪政府所占，东侧被改作日军医院，西侧为日伪高官窃作私宅。抗战胜利后，在此设区公所，不久恢复为学校，只有西侧一角重新辟为"邑庙公园"对外开放，但其中建筑早已破旧，山石坍颓，不复当年之景。

新中国成立后，学校增建教学楼，秋霞圃东侧已无景物，西侧只剩残落园林风貌。"文化大革命"时，仅存的古树山石亦被毁坏殆尽。1980年，上海市园林管理局开始修复秋霞圃，西侧景区修复于1983年完成，东侧学校动迁、城隍庙修复及园后清镜塘开浚终于1987年竣工并整体性对外开放。

古猗园位于今嘉定区南翔镇，为明代万历年间河南通判闵

20世纪50年代，秋霞圃内山光潭影馆

士籍所建，初名"猗园"，取《诗经》"绿竹猗猗"之意，由明代嘉定竹刻名家朱三松设计布置，以"十亩之园，五亩之宅"的规模，内筑亭、台、楼、阁，凡立柱、椽子、长廊都刻有千姿百态的竹景图案。闵士籍后人于万历末年，将猗园转让翰林李名芳之子李宜之。明末清初，猗园又先后为陆、李两姓所有。清乾隆十一年（1746），洞庭山人叶锦购得猗园，次年大兴土木重新改建，越二年落成，因已隔一个朝代，故改名"古猗园"。

　　乾隆五十三年（1788），嘉定乡绅集体捐款购得古猗园作为镇城隍庙之庙园，香客均可入园游览。嘉庆十一年（1806），当地乡绅再次募捐整修。咸丰年间，太平军同清军激战南翔，园内部分建筑被毁。同治至光绪年间，南翔各行业公所重新募资，陆续修复了一些建筑，并增建了行业集议场所。此后，有商人在古猗园内开设酒楼、茶肆、点心店、照相馆等，园景遂破坏严重。

　　1932 年"一二八"淞沪抗战期间，日军占领南翔，古猗园被侵略军占用达两个多月，园内房屋倒塌，假山崩颓，树木被砍，花草枯败。日军撤走后，1933 年 5 月，南翔爱国人士朱寿朋、陈少芸等 60 人设法募集银元 6 000 元，对古猗园进行了局部修复，并新建"补阙亭"，此亭独缺东北一角，以志国耻，取名"缺角亭"。抗战以来，南翔屡遭战火，古猗园内亭台楼阁、假山怪石、花木古物因此荡然无存。抗战胜利后，当地人曾筹款重修缺角亭、书画舫，新建微音阁、南厅、白鹤亭，并种植一批树木花草，但其规模难复当年之盛。

　　新中国成立后，南翔镇政府曾几次修缮和扩建古猗园，其中，1959 年又将当地云翔寺内一对唐代石经幢和一座宋代石塔迁入园中。可惜的是，"文化大革命"时期，园内古碑、古树及古建筑等均遭到严重破坏。直到改革开放后，南翔镇政府几次出资，又一次修复并扩建了古猗园。修复工作从 1979 年开始，陆陆续续进行到 1987 年，终于形成了一个占地面积达到 9.19 万平方米、园林布局完整、新旧园景相宜的新"古猗园"。2006 年，古猗园被正式评为国家4A 级旅游景区。

20 世纪 30 年代，南翔古猗园内缺角亭

古猗园一角

古猗园大门

抗倭英雄传："石童子"与"严家兵"

明朝传世古画《抗倭图》局部一

在宝山县尚未由嘉定县析出之前（析置时间为清雍正二年），嘉定县滨江临海，水运体系发达，商品贸易繁荣，为"吴郡东南一重埠"。也正因为如此，明代后期，嘉定地区屡屡遭遇倭寇袭扰，百姓深受其害。

为免除倭寇侵扰，明正德七年（1512），嘉定知县王应鹏组织当地百姓重筑城墙。明嘉靖三十二年（1553），倭寇攻城，正德年间修筑的城墙已显破败、不堪御敌，嘉定知县万思谦在带领全城官民击退倭寇后，决定于该年 10 月重新组织民工，乘敌退之隙，奋力筑成新城墙。在他的率领下，嘉定人民仅用五个月的时间，就在城上用砖块砌起了齿形小墙，名为"城堞"。整座城墙周长增加到 7.5 公里，高 8.3 米，基宽 16.6 米，顶宽 10 米，与以前的城墙相比，气势雄伟。

明朝传世古画《抗倭图》局部 二

明嘉靖三十三年（1554），杨旦接任知县后，又在城上增筑小墙 2 369 垛，并将所有小墙加高约 1.3 米；分筑观察台 16 座，守铺 34 间。四城门上各建楼一座，改澄江门为"宣文门"，合浦门为"济漕门"，观潮门为"振武门"。他还命人加阔了东、北两处水关，修葺了南、西、北三门月城，并增建东门月城，采用垒石为堤，裹铁为门，以备防御。同时，他又下令重浚外城河，将外城河的周长延至 7.8 公里，深达 3.3 米。可以说，在当时的江南地区，像嘉定县城这般坚固宏伟的城墙并不多见，故时人称其足与"东南诸城称雄"。此后，倭寇数次进犯，均未能得逞，全城百姓对万、杨两位知县的功绩称颂不绝。

嘉定地区至今仍留有不少当年的抗倭遗迹及其相关民间故事。根据今人所编的《嘉定县志》记载："倭寇数次犯境，均被击退。县内百姓将截获倭船，集于江桥、南翔和城外焚毁；斩杀的倭寇埋于城内杨树浜北岸（今嘉定城区东下塘街），谓之'倭坟'。其北端，因名'倭坟弄'，后称'乌盆弄'。"在这些历史往事中，最为嘉定人所称道的抗倭英雄，恐怕要属"石童子"与"严家兵"的壮烈传奇了。

我们先来看"石童子"的抗倭故事。在万思谦重筑城墙的第二年，明嘉靖三十三年（1605）春，倭寇再一次袭扰嘉定，围攻县城，当时万思谦已卸任知县一职，县事暂由一位年老昏

石童子雕像

嘉定的传奇人物石童子雕像，现藏嘉定博物馆

聩的腐儒阴凤麟代理。此人胆小怕事，只知紧闭城门，对于如何御敌则毫无主意。危急时刻，城内百姓便自行组织起来，上城护城。一天深夜，倭寇乘守城百姓疲惫熟睡之际，偷袭西门，架云梯登上城墙。这时，幸亏有一儿童提灯望见，大声高呼："贼来了！"惊醒了守城百姓，奋起杀敌，终将倭寇击退。可是这位及时报警、护城有功的儿童，却已被倭寇残忍杀害，并砍下了头颅。嘉定百姓为了纪念这位不知姓名的小英雄，为他雕刻了一尊小小的石像，面向东方嵌在西门城墙上方，称之为"石童子"。"石童子"的事迹早在民国时期就被编入了当地小学国文课本，而这尊珍贵的石童子像也被完好地保存在今嘉定博物馆内。

我们再来看看"严家兵"的英雄事迹。明代嘉靖年间，在嘉定县盛桥黄姚里（今属宝山区）住着严姓一家五兄弟名大显、大年、大成、大俸、大邦，个个忠肝义胆、骁勇过人。嘉靖三十一年（1552），倭寇侵入嘉定，登岸劫掠，吴淞卫所百户长冯举、宗元爵迎战阵亡。不久后，倭寇转袭黄姚里，严氏五兄弟亲率乡人出击，倭寇战败逃回海上。嘉定知县万思谦乃命严氏五兄弟归属同知县事任环部下，号称"严家兵"。第二年，又有千余倭寇入侵嘉定，掠娄塘，攻太仓，占月浦，陷吴淞，毁罗店，并且气势汹汹，妄图一举攻下嘉定县城。严家兵在大哥严大显率领下，于嘉定县城东门与倭寇大战，浙江参将卢镗率兵赶来增援，内外夹攻，敌伤亡过半，残寇逃入太湖。

嘉靖三十三年（1554），逃入太湖的倭寇聚集力量进行反扑。巡按御史命令嘉定同知县事任环与总兵俞大猷夹击倭兵，严家兵亦受邀至盛墩（今苏州市盛墩村）参与作战，杀敌无数。倭寇大败，半数逃遁入海，半数逃往苏州，严大显等人又于苏州阊门外血战力守，击溃残寇。嘉靖三十五年（1556），倭寇再次侵入吴淞江，以宝山为巢穴，任环调来严家兵猛攻敌寨，严大显等人身先士卒，杀死倭寇近百人，余者仓皇逃入海中。

严家兵屡立战功，深得嘉定百姓爱戴。不过可惜的是，同知县事任环后升任山东参政，调离了嘉定，从此严氏五兄弟便再没有得到朝廷的赏识。倭寇战败后，仍然经常出没于长江口沿岸，当时的江海道台命严大年、严大邦守嘉定，严大显、严大成、严大俸则守常熟。此后不久，在守常熟的部队中发现"大盗"，常熟知县黄应嘉对严氏兄弟颇有猜忌，竟认为"大盗"与严大显等人有关，并以"莫须有"的罪名将严氏三人处死。严大年、严大邦闻讯弃兵归里。明万历初年，黄应嘉因忌惮严家兵声势，惧怕严氏兄弟报复，便利用里人诬告，将严大年发放充军（后卒于途中），又将严大邦及其侄严星、严斗极刑处死。威名远播的严家兵并未战死沙场，反倒为贪官污吏所害，不能不叫人扼腕叹息，但严氏五兄弟爱国爱乡的精神，却值得当地人民永相传诵。

嘉定"四先生"与"三状元"

　　孔子曾言："有文事者必有武备，有武事者必有文备。"嘉定历史上从来不乏忠义爱国的仁人志士与开拓进取的英雄豪杰，这些杰出人物的产生，同嘉定地区崇文重教、礼乐兴邦的人文氛围密不可分。而明清两代可以说是嘉定地区人文发展的巅峰时期，相继涌现出一大批赫赫有名的诗人、画家、儒臣、文学家、经学家和史学家。其中，以"嘉定四先生""嘉定三状元"最为嘉定人民所称颂。

　　明代后期，嘉定人唐时升、娄坚和李流芳被时人尊称为"练州三老"，如果再加上侨居嘉定的程嘉燧，则可合称为"嘉定四先生"。这四人中，李流芳精画，唐时升善文，娄坚工书，程嘉燧能诗，在艺术修养上均有着高深造诣和独到之处。除此以外，他们在政治上也都保持着高尚的气节。四人所处时代，正是明朝权奸魏忠贤把弄朝局之时，此四人不愿与之同流合污，均绝意仕进。天启年间（1621—1627），魏忠贤气焰高涨时，各地官员为求荣华，争相为其建造生祠。据说，嘉定知县谢三宾颇为犹豫，找李流芳参谋是否应当参拜，李流芳正颜厉色地回答曰："拜是一时事，不拜是千古事"，谢三宾深以为然，坚不前往，而李流芳及其同侪的高节清风遂为时人所景仰。

唐时升（1551—1636），字叔达，号灌园叟，出生于嘉定县城，少孤，有异才，未满三十便弃举业。他学识丰富，除诗词歌赋以外，还精通军事、农业、钱粮等知识，曾被大学士王锡爵赞为"当世奇才"。唐时升年轻时一度供职于关外军部，中年后返邑，居嘉定县城西北角，广植梅树，营造"梅园"（今嘉定城区梅园新村）；又建"读书台"，开馆授徒，论古讲学，有《三易集》《墨梅园》等传世。

唐时升画像

娄坚（1554—1631），字子柔，祖籍长洲（今苏州市长洲县），其曾高祖迁居嘉定，祖父在高桥（今浦东新区高桥镇）一带行医，父亲年轻时迁居马陆，娄坚即出生于马陆。他是唐时升表弟，两人尝从著名学者归有光游学，对经学研究极深，擅诗古文辞，常

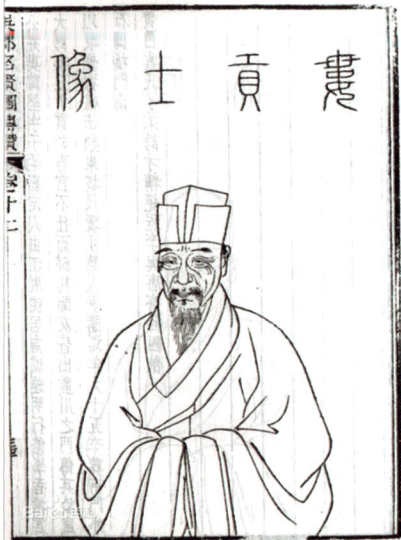

娄坚画像

常能够融会师说而成一家言。此外，还擅长书法，据说，他早年学习钟繇、王羲之书法，晚年乃改学苏轼，一洗柔媚之习，其书法作品被时人称为"天下绝妙"。当时社会上十分推崇董其昌的书法，娄坚对此颇不以为然，认为董氏书法秀整有余而苍劲不足。他著有《学古绪言》《吴歈小草》等书。

李流芳（1575—1629），字长蘅，号檀园，出生于嘉定南翔，万历三十四年（1606）考中举人。绝意仕途后，在南翔构筑"檀园"，专以书画诗词自娱。其画纵横酣适，尤以山水见长，与松江府董其昌等八人被誉为明代"画中九友"。此外，李流芳还精通书法，其字奇伟，结构严谨，又好诗文，词句雍容典雅，以致沈德潜在《明

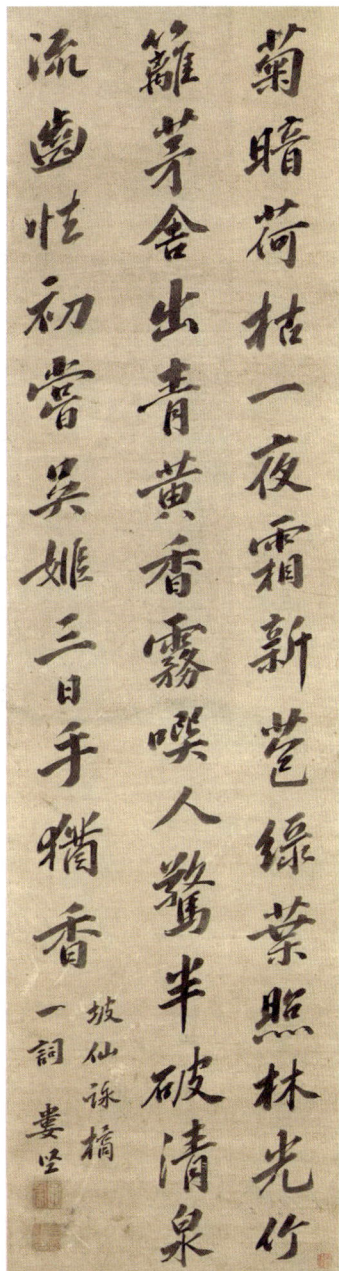

娄坚行书轴

李流芳刻像

诗别裁》中曾评论其诗词"风骨自高，不能掩其真性灵也"。他的传世画作有《善卷洞图》《山居读易图》《仿黄公望山水图》等，另著有《檀园集》等。

程嘉燧（1565—1643），字孟阳，号松圆，原籍休宁（今安徽省黄山市休宁县），侨居嘉定西城五十年，崇祯十三年（1640）乃归新安（今安徽省黄山市祁门县，近休宁县）。他的诗、画、书法均高雅绝俗，为晚明一大家，明末大诗人钱谦益曾尊其为"一代诗宗"。此外，他还精音律、多才艺，曾和徐光启交往甚厚，在徐家汇一起创办书塾，共同对传统制墨工艺进行研究改良。晚年他皈依佛教，释名"海能"，著有《松圆浪淘集》《耦耕堂集》等。

"嘉定三状元"指的是王敬铭、秦大成、徐郙三人。嘉定小小一县，有清一代，竟能出得了三位状元郎，实乃世所罕见，可说全赖当地文风昌盛、教化得宜之功。

王敬铭（1668—1721），字丹思，号味闲，是嘉定历史上

程嘉燧书法

的第一个状元，出生于嘉定马陆（今马陆镇戬浜乡附近）。王氏一族诗书传家，康熙四十六年（1707）清圣祖南巡，王敬铭所进诗画颇得上意，令其入值直畅春园，纂修武英殿书，书成而归。康熙五十二年（1713），清圣祖六十大寿，特开恩科，他以进士第一名及第，成为"恩科状元"，后授翰林院修撰，随帝侍值，甚沐宠遇。康熙五十四年（1715），任充会试同考官。康熙五十六年（1717），主试江西。康熙五十八年（1719），圣驾临热河，王敬铭侍值，帝问起其父母年龄，答皆七十有四，帝大喜，乃御书"齐年堂"额赐之。康熙六十年（1721）父丧丁忧归里，

嘉定三状元之一王敬铭画像

王敬铭《炉峰山万迭图》局部

不久卒于家。相传他善画山水，清腴闲远，颇具书卷之气，传
世有《未岩诗稿》等。

秦大成（1720—1779），字澄叙，号籚园，出生于嘉定
县城张马弄。乾隆二十八年（1763）考中状元，授职翰林院
修撰、掌修国史。因其淡泊明志、无意钻营官场，乃请长假
回乡侍养老母。乾隆四十三年（1778），复任充会试同考官。
后再次告假回乡，卒于家中。据传，秦大成人品高尚，虽中状元，
但始终安之若素，去世之时，家中仅有薄田三十亩，然则图

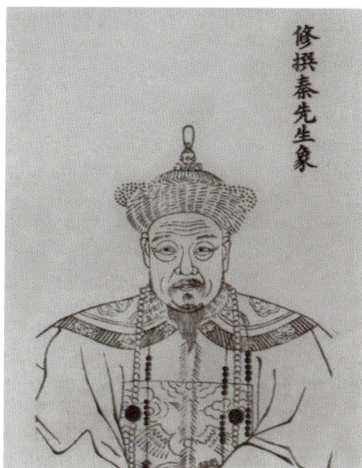

嘉定三状元之一秦大成画像

书满架，死前曾留言曰："吾所受之先人者，即此传于子孙而已。"

徐　郙（fǔ）（1836—1907），字寿蘅，号颂阁，出生于嘉定县城。同治元年（1862）考中状元，先后授翰林院修撰、南书房行走、安徽学政、江西学政、左都御史、兵部尚书、礼部尚书等职，因官拜协办大学士，故世人尊称其为"徐相国"。徐郙工诗，精于书法，擅画山水，故选入词馆，被召值南书房。慈禧太后常谕徐郙之字有福气，晚年

嘉定三状元之一徐郙

每每御笔作画，悉命徐郙题志，因此，在慈禧传世画作中，多见徐郙行楷诗题。

徐郙行楷八言联

文化砥柱：嘉定之屠与侯黄义军

　　明朝中后期，嘉定文化昌盛，出现了一批学识渊博、讲求气节的爱国志士学者。他们深受儒家思想影响，以东林党人为楷模，讲求"家事国事天下事，事事关心"，坚持"博学于文""行己有耻"。满清入关后，在极短时间内控制了整个中原地区，并不断向江南半壁挺进。在清朝军队攻下南京、苏州、杭州后，清廷认为大局已定，便颁布了"剃发令"（或称"薙发令"），实行"留头不留发，留发不留头"的高压政策。

　　但是，"剃发令"对当时的汉人而言，心理上是难以承受的。俗话说："身体发肤受之父母，不可损伤"，这是千年以来中国人形成的伦理观，也是一种根深蒂固的思维方式。剃发不仅有违传统，更被视为侮辱。因此，这项政策不仅遭到了传统知识分子抵制，也激怒了底层民众。广大嘉定百姓拒不接受"剃发令"，并在嘉定乡绅侯峒曾、黄淳耀等人带领下，组织义兵，起而反清。清廷遂命上任不久的吴淞总兵李成栋，领兵五千奔赴嘉定予以镇压。

　　侯峒曾（1591—1645），字豫瞻，号广成，祖籍苏州府嘉

侯峒曾、黄淳耀
等带领十万民众与清
军开展悲壮激烈的大
搏杀（绘画）

定县（今嘉定区），出生于松江府上海县（今闵行区）。明万

历四十六年（1618）中举。天启五年（1625）考中进士。当时

的礼部尚书顾秉谦赏识其才华，欲召而用之。但顾秉谦此人趋

炎附势、声名狼藉，魏忠贤掌权时，他曾率先攀附，"曲奉（魏）

忠贤，若奴役然"，世人讥其"庸尘无耻"。侯峒曾不愿与其

同流合污，乃坚辞不谒。后授南京武选主事，以忧归乡。

崇祯初年，兵部尚书张凤翼推荐侯峒曾出任兵部职方郎一职，他依然推辞，遂改任南京文选主事。适逢太仓民陆文声诬告攻击复社领袖、著名学者张溥，侯峒曾乃向朝廷禀明复社情况，并指出陆文声以往无赖卑劣之形状，他的陈奏得到了御史丁玮采纳，复社才未受到朝廷党争牵连迫害。后来，侯峒曾历职稽勋郎中、江西督学参议。

督学江西时，明朝宗室益王朱慈炴在当地势力正大，侯峒曾在岁试中罢黜了朱慈炴刻意安插的两名考生，导致朱慈炴大怒，召而责问，但侯峒曾据理力争、不为所动。此后，给事中耿始然奉命赴赣督查赋税，此人恃宠而骄、飞扬跋扈，到处敲诈勒索、中饱私囊，当地官员都不敢与其对抗，唯有侯峒曾刚正不阿、执法如山，赢得了百姓赞誉。不久后，侯峒曾调任嘉湖参政。有"天下第一清品"之誉的吏部尚书郑三俊，推举天下贤能可负监察之责的五位官吏名单中，就有侯峒曾。朝廷乃擢其为顺天府丞，但可惜的是，侯峒曾还没有赴任，京师就已被李自成军队攻陷，他只能返乡居住。1644 年，南明政权建立，弘光帝朱由崧起任侯峒曾为左通政，但他以疾推辞未赴任。

黄淳耀（1605—1645），字蕴生，号陶庵，出生于苏州府嘉定县。3 岁读千字文；5 岁读四书五经；14 岁县试名列前茅，17 岁补博学弟子，乡人赞为"黄家千里驹"。由于黄淳耀诗文出众，受到"嘉定四先生"之一的程嘉燧欣赏，并推荐给钱谦益家执教蒙馆。黄淳耀非常痛恨华而不实的八股文，便与门人陆元辅组织"直言社"，倡导经世致用、言之有物的文章，得到当地读书人的推崇。明崇祯十六年（1642）考中进士，但黄淳耀生性耿直，不愿参与朝廷党争，亦不愿做官，遂返乡教书，淡泊明志。

1645年，清军攻占南京，南明弘光朝廷覆亡。一些南明降臣如钱谦益、赵之龙等，向清廷献策曰："吴下民风柔弱，飞檄可定，无须用兵。"清廷乃颁诏书前往江南各地，要求各城百姓"削发"以示归顺。诏书传至嘉定，清朝新任知县张维熙乃命全城剃发，当地百姓义愤填膺，乃推侯峒曾、黄淳耀等乡贤为领袖，自觉组织起十多万人的抗清队伍，并在嘉定城楼上竖起"嘉定恢剿义师"之大旗。

为抵御清军进攻，侯峒曾和黄淳耀在嘉定四门积极布置兵力。侯峒曾亲率其子侯玄演、侯玄洁负责守卫东门、北门。清军先锋李成林乃总兵李成栋之弟，恃强冒进，率军急攻北门，为义兵炮火击毙。李成栋闻讯，暴跳如雷，发誓报复。在相继攻占嘉定罗店、

黄淳耀石刻像

娄塘等镇后，李成栋率军将嘉定县城四面包围，日夜炮轰。义兵虽有十多万之众，但军事素养不足，李成栋虽仅有五千兵马，但均为久战沙场的虎狼之师。

起初，守城民众伤亡虽众，但仍顽强不屈，有城墙被炮火轰塌，城内民众便及时用木料和充土布袋堵塞之；守城义兵若有伤亡，则立即补充之。守城期间，突降暴雨，守城民众仍毫不畏惧，冒雨抵抗。是时，因"城中不能张灯"，阴险狡诈的李成栋便令清军潜伏城下，挖掘坑道直通城墙之下，然后引火炮轰击墙根，最终城墙一隅在隆隆炮声中轰然倒塌。清军乘机登城，蜂拥而入。

城破时，侯峒曾正在东门城楼上，左右义兵欲保护其突围而出，侯峒曾不肯，曰："与城存亡，义也。"乃下城楼，望家庙方向跪拜，尔后赴水死之。其子侯玄演、侯玄洁与敌周旋，身处数十刀，亦死之。与此同时，黄淳耀及其弟黄渊耀急趋城内一僧舍指挥抵抗。黄淳耀派人打探侯峒曾消息，报曰："侯公死矣。"遂顾其弟及左右曰："吾与侯公同事，义不独生。"乃书壁云："读书寡益，学道无成，进不得宜力王朝，退不得洁身远引，耿耿不没，此心而已。大明遗臣黄淳耀自裁于城西僧舍。"其弟黄渊耀对曰："兄为王臣宜死，然弟亦不愿为北虏之民也。"于是，双双自缢于僧舍之中。

攻下嘉定县城后，李成栋下令屠城，清军遂展开了惨无人道的烧杀抢掠，这便是历史上"嘉定之屠"之始。中国近代著名资产阶级革命宣传家邹容在《革命军》一书中首先提出了"扬州十日、嘉定三屠"之说，所谓"三屠"非指三次，乃泛指多次。据说，屠城罪魁李成栋事后竟用三百艘大船运走了他所掠夺的金帛和女子。清军暴行没有吓倒当地百姓，反而激起了更大的反抗。

仅过了二十多天，便有江东人朱瑛，率义兵五十余人回到嘉定城，会同城内市民将清军驱赶出城外。仓皇而逃的李成栋急调附近清军增援，展开攻城。两天后，嘉定县城再次被攻破，为"剿除后患"，清军再一次实施了大规模屠城，一时间城内积尸成丘，血流成河。

然而，屠城依然没能削弱嘉定民众的反抗意志。又过了一个月，原南明总兵吴之番率余部，反攻嘉定城。城内清兵猝不及防，乃溃。城内民众纷纷奔至吴军前"踊跃听命"。可惜的是，未等吴之番及时布防，清兵便凶狠反扑而来，很快便涌入城内。此时，杀红了眼的清军疯狂血洗了嘉定县城。

根据史书记载：在多次屠城中，嘉定城内民众几无投降者，死者竟达二万余人。经过反复的血腥屠城，清廷终于在这满城的累累白骨之上，插上了"削发令已行"的胜利者旗帜！然而，这种"以强凌弱、以众暴寡、逢人则杀、遇地则攻"的胜利者，根本不值得宣扬；恰恰相反，屠城的受害者虽然在战争中失败

汇龙潭侯黄纪念碑

了，但当民族危难之际，他们义无反顾，挺身而起，爆发出惊人的能量，尤其是侯峒曾、黄淳耀等乡贤更是用自己的忠肝义胆捍卫了民族气节，真正彰显出"文化砥柱"的雄壮风姿！至今，嘉定区内还能看到许多纪念侯峒曾和黄淳耀的遗迹，如嘉定城西有侯黄桥，城内有侯黄纪念碑、"叶池"碑和"陶庵留碧"碑，在方泰镇也保留有两黄先生的墓地，供后人凭吊。

汇龙潭侯黄纪念碑前的雕像

乾嘉朴学重镇：王鸣盛与钱大昕

　　清代乾隆、嘉庆年间，嘉定县出了王鸣盛、钱大昕两位学术巨擘，驰誉海内，他们及其弟子重视历史考据，形成了独树一帜的朴学传统，遂使得嘉定一地成了乾嘉学派的学术重镇。

　　王鸣盛（1722—1797），字凤喈，号西庄，晚号西沚居士，出生于嘉定县城。他幼年聪颖异常，从父学，4岁便可日识百字，当时的嘉定县令冯咏以"神童"目之。17岁补诸生，后以五经中乡试副榜，一时才名鹊起。江苏巡抚陈大受素好延纳东南才俊，因爱王氏之才，乃取入苏州紫阳书院读书习经。王鸣盛在苏州时，与王昶、吴泰来、赵文哲等诸人唱和，当时著名诗人沈德潜以为这几人所作诗歌文采斐然，不下"嘉靖七子"。王鸣盛又常从"吴

王鸣盛画像

派"大师惠栋讲经义，知训诂必以汉儒为宗，因而对古文经留心钻研，其中，对于《尚书》一书辨伪用力颇深。

　　乾隆十二年（1747），王鸣盛参加江南乡试中举。乾隆十九年（1754），参加会试中式，随后在殿试中，以榜眼（即一甲第二名）及第，授翰林院编修。当时翰林院掌院事蒋溥重其学，乃延为上客。后迁侍讲学士，充日讲起居注官。乾隆二十四年（1759），官至内阁学士兼礼部侍郎，不久出任福建乡试主考官。乾隆二十八年（1763），王鸣盛之母去世，遂致仕归乡，并安家于苏州。此后，家居三十年，闭户读书，从事著述，以汉学考证法治史，与"吴派"学者惠栋、沈彤研究经学。

　　王鸣盛著述丰富，历时二十多年，乃撰成《十七史商榷》

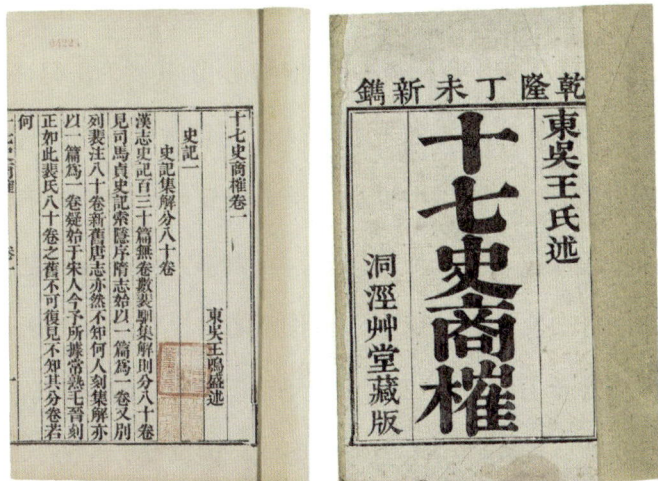

王鸣盛历时 20 多年，撰成《十七史商榷》一百卷

一百卷，将上自《史记》，下迄五代各史中的纪、志、表、传相互考证，分清异同，互作补充，又参阅其他历史名著纠正谬误。这本书对正史中的地理、职官、典章制度均有详细阐述，后人将其与赵翼《廿二史札记》、钱大昕《廿二史考异》并称为乾嘉时期三大考史名著。此外，他晚年仿效顾炎武《日知录》体例，还著有《蛾术编》一百卷，对我国古代制度、器物、文字、人物、地理、碑刻等均有考证，具有很高的学术价值。另有《续宋文鉴》八十卷，《周礼军赋说》六卷、《尚书后案》三十卷，以及《尚书后辨》一卷。王鸣盛自言从束发至垂白，未尝一日辍书，以致68岁时，两目忽盲，幸运的是，他在两年后得到吴兴地区（今浙江湖州市）一名神医施针治愈，遂著书如常，直至嘉庆二年（1797）去世，享年七十六。

钱大昕（1728—1804），字晓徵，号辛楣，晚号潜研老人，出生于嘉定城西望仙桥镇。因其妻为王鸣盛胞妹，故王、钱二人实为郎舅关系。钱大昕祖籍常熟，明代正德年间（1506—1521），钱氏七世祖入赘嘉定管姓，遂定居于嘉定。钱大昕之祖父、父亲均为秀才，以教书为业，也算是书香门第。他自幼便从祖父识字，稍长则随祖父和父亲到所在塾馆就学。乾隆七年（1742），钱大昕赴嘉定县城，求学于当时著名学者曹桂发，当年便考中秀才，因其文才出众，在嘉定县声名渐起。嘉定城内有一宿儒名王尔达（即王鸣盛之父也），因

钱大昕画像

十分赏识钱大昕之才，遂将小女儿许配给他。不久，嘉定城东坞城顾氏又延其至家，教子侄读书。顾氏为当地乡绅，家中藏书颇丰，钱大昕一边授徒，一边利用闲暇时间"晨夕披览"，通读了顾家所藏的《资治通鉴》《廿一史》等大量史籍。

乾隆十四年（1749），经由王鸣盛和时任苏州紫阳书院院长王峻的推荐，钱大昕被破格取入该书院学习。书院环境宁谧，学术氛围浓厚，为其潜心经史提供了良好条件，兼之有王鸣盛、王昶、曹仁虎等同窗好友相互质难问疑，不久，钱大昕的学问便有了长足进步。乾隆十六年（1751），清高宗首次南巡，钱大昕因献赋称旨而被召诣江宁（今南京市）行在，由皇帝亲自出题进行复试。评卷揭晓，钱大昕中一等二名。为此，清高宗特赐其为举人，并当即任命为内阁中书。次年，钱大昕束装入都，自此开始了仕宦生涯。

乾隆十九年（1754），中进士，复擢升翰林院侍讲学士。乾隆三十四年（1769），入直上书房，教授皇十二子永瑆书

法。清高宗赏识其才，命参与编修《热河志》，时人把他同
"河间才子"、《四库全书》总纂官纪昀，并称"南钱北纪"；
又命参与修纂《音韵述微》《续文献通考》《续通志》《一统志》
及《天球图》诸书。后曾先后任詹事府少詹事、提督广东学政。

乾隆四十年（1775），钱大昕居丧归里，引疾不仕。据传，
嘉庆四年（1799），清仁宗亲政，有廷臣致书劝出，为其婉
言谢绝。归田后三十年里，钱大昕潜心著述授徒，历主钟山、
娄东、紫阳等著名书院讲席，出其门下之士多至二千余人，
其中较为著名者有钮树玉、邵晋涵、孙星衍、谈泰、吴东发、
任兆麟、李锐、朱骏声、翟中溶、李庚芸、蔡云、陈诗庭等，
均为当时大儒。此外，钱大昕家学传衍亦盛，其弟、子侄、孙，
如钱大昭、钱塘、钱东壁、钱东塾、钱东垣、钱绎、钱师康、
钱师微、钱庆曾皆为饱学之士。钱人昕及其弟子刘丁音韵、

《嘉定钱大昕全集》书影

训诂、历算、金石等学问钻研甚深，且尤精于经史，由于其晚年自号"潜研老人"，后人便把他和他的弟子称为"潜研学派"。

"潜研学派"以"实事求是"为宗旨，虽主张从训诂以求义理，但不专治一经，亦不墨守汉儒家法，同时，主张把史学与经学置于同等重要地位，强调以治经方法治史。钱大昕曾萃其平生之学，历时近五十年，乃撰成《廿二史考异》一百卷，该书纠举疏漏，校订讹误，驳正舛错，在同时代考史著作中位列上乘。他还著有《宋辽金元四史朔闰考》《宋学士年表》《元史氏族表》《元史艺文志》《元诗记事》《三史拾遗》《诸史拾遗》《潜研堂金石文跋尾》《十驾斋养新录》等作品二十余部。作为乾嘉朴学的主要代表人物之一，钱大昕的学术成就和治学精神对后世学者影响巨大，故被公推为"一代儒宗"。近代著名学者王国维更是把钱大昕同另两位硕儒——顾炎武、戴震，合誉为清代三百年学术的三位"开创者"。

"茶仙"陆廷灿与《续茶经》

　　讲起"茶"的历史，人们第一印象大多会想到唐代的陆羽，此人一生嗜茶且精于茶道，以撰写世界第一部茶学专著——《茶经》而闻名于世，被后人尊称为"茶圣"。但《茶经》诞生于 8 世纪，至明清时期已近千年，其中记录的制茶、烹茶、饮茶之法早就发生了翻天覆地的变化，正如《四库全书总目提要》所言"自唐以来阅数百载，凡茶之产地，制茶之法，业已历代不同，即烹煮器具亦古今多异，故陆羽所述，其书虽古，其法多不可行于今"，如果从中国茶文化的当代传承角度来看，另一位清代茶学家的著作显然更具有实用性。这位茶学家就是出生在今嘉定区南翔镇的陆廷灿，这部茶学著作就是他所写的《续茶经》。

　　陆廷灿（约 1678—1743），字秋昭，号幔亭，出身南翔望族，祖上诗书传家，其父陆培远虽未仕举，但经商之余能乐善好施，曾多次捐粮赈灾，乃当地闻名的大善士。陆培远生前曾赋诗明志，曰"一心清白全由我，三载忧危总听天"，这种豁达清逸的处世态度，对其子陆廷灿的成长历程及价值观养成有很大的影响。康熙二十四年（1685），年幼的陆廷灿已中诸生，但此后却屡试不第，科举道路颇为坎坷艰难。所幸因其人品纯良、学问出众，他被挑选进入京师国子监读书，成了"岁贡生"。

在京求学期间，陆廷灿结识了文学巨匠王士祯和"天下第一清廉巡抚"宋荦等名宦，并得到了他们的悉心教导与点拨，提升了好古博雅的艺术修养。在这些人的推荐下，陆廷灿最终还是走上了仕途，出任安徽省宿松县教谕。康熙五十六年（1717），他又升任福建省崇安县（今武夷山市）县令。据志书记载，他在崇安任上，勤政爱民，严明法理，惩恶扬善，奖励耕读，广辟财路，

陆廷灿画像

修复古迹，编纂方志，官声极佳。崇安曾是宋代大儒朱熹的讲学之地，朱熹在此建有"武夷精舍"，聚徒讲学，乃成"闽学"。陆廷灿时常拜谒精舍，追慕先贤风采。

此外，崇安素以盛产武夷茶而闻世，本来就"性嗜茶"的陆廷灿于是在从政之余，"究悉源流，每以茶事下询"，但由于公务烦冗，导致他始终无法静心审录。康熙六十一年

（1722），陆廷灿六年知县任满，尽管朝廷仍欲升迁其职，但他以"多病"婉辞，决意赋闲致仕，并回到家乡南翔，专心读书著述。此后至雍正十二年（1734），陆廷灿终于编就了《续茶经》这一部伟大的茶学著作。

《续茶经》效法陆羽《茶经》体例，分正文三卷、附录一卷。上卷续《茶经》的一之源、二之具、三之造。中卷续《茶经》的四之器。下卷又分上、中、下，下卷之上续《茶经》的五之煮、六之饮；下卷之中续《茶经》的七之事、八之出；下卷之下续《茶经》的九之略、十之图。另以历代茶法作为附录。《续茶经》洋洋洒洒凡七万余字，不仅征引繁富、便于聚观，其写法更是排比有序、分类科学，可谓陆羽之后茶事研究之集大成者。

陆廷灿《续茶经》

一人成一书，一书成一人，凭借这部《续茶经》，陆廷灿获得了后世所称"茶仙"之美誉，但他一生的成就还远不止此。兴趣广泛、知识渊博的陆廷灿早在起笔《续茶经》之前，就著有另一部旷世奇书，名曰《艺菊志》，它是我国第一部完整且全面记录菊艺和菊文化的文献集成。陆廷灿用八卷篇幅，将能够搜集到的前人有关种植菊花的著作诗文网罗殆尽，并分门别类，编为六类即考、谱、法、文、诗、词，其中，有关菊花的考证165则、采谱17种、录文60篇、诗935首、词22首。此外，附录部分还辑录了明代黄省曾和陈继儒两人专论菊花种植的农艺著作。康熙五十七年（1718），《艺菊志》由福建棣华书屋付梓，获得文人菊客一致好评。

在编著《续茶经》期间，陆廷灿还完成了一部珍贵的史料笔记，名曰《南村随笔》。该书分六卷，共538篇短文，内容包罗万象，涉及西方科学、地方文史、典章人物、奇闻趣事等诸多领域。其中，不少内容真实可信，后被嘉定地区志书大量采用。除此以外，陆廷灿还特别重视嘉定先贤著作的整理出版，并重订了王彝、"嘉定四先生"与黄淳耀等人的诗文集。今天我们能够重温这些嘉定乡贤的事迹与文才，陆廷灿真乃功不可没也！

陆廷灿《南村随笔》

古今女史第一大观——王初桐《奁史》

清代嘉定地区奇人奇书不少，奇人者，常于经史之外，别通某专门之学，奇书者，常于四部之外，别立某专题之书，王初桐及其《奁史》即其中之一也。"奁"（lián）者，即古代妇女梳妆所用镜匣也，以此作史，实则指代妇女社会生活之史也。在男权为尊的封建社会，能以妇女日常衣食住行的方方面面作为考据对象，可以说这本书确实是视角独到，而其撰史旨趣亦可谓前无古人。

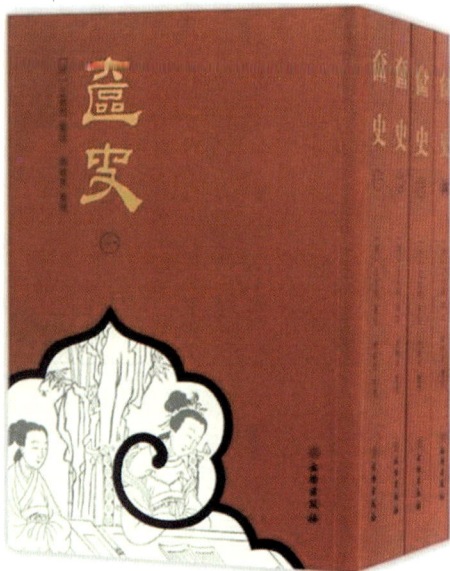

《奁史》书影

王初桐（1729—1821），字十扬，号竹所，又号红豆痴侬，出生于嘉定方泰（今安亭镇方泰社区），少时中诸生，后屡试不第，但其文才横逸，能够通音律，工诗文，尤擅填词。乾隆四十一年（1776），朝廷特旨召试天下文辞卓越者，已年近半百的王初桐因久负盛名而位列其中。他在召试中表现突出，被列为二等，授四库馆誊录，后议叙山东省齐河县县丞，由此开始了仕宦生涯。此后，他历任新城、淄川、平阴、寿光知县，宁海州同知，为官任上能够政简刑清，名声颇佳。乾隆五十五年（1790），清高宗八十寿诞，南巡过山东境内，特命王初桐起草献寿迎銮曲《东山祝嘏九成曲》进呈。根据史料记载："缮折先呈御览，遂演于泰安行宫，天颜喜。"乃得朝廷褒奖。嘉庆三年（1798），年届七十的王初桐致仕归田，在家乡读书著述，笔耕不辍，他曾接受嘉定知县吴桓的邀请，参与编纂了嘉庆《嘉定县志》二十四卷，又主持编纂了《方泰志》三卷。

在王初桐的众多著述中，唯《奁史》最为新奇，其历史价值也最大。在中国浩如烟海的古代典籍中，专门记述古代妇女文化的典籍寥寥可数，许多资料散见于各类正史、别史、杂抄、笔记、方志、诗话和文集。王初桐在为官之余，广泛搜罗相关史料，编成《奁史》一百卷，其内容囊括了古代妇女衣食住行各个方面，完全可以称为一部"古代妇女生活的百科全书"。[1] 近代以来，《奁史》流传国外，西方国家将其翻译为《中国历代女人通史》，并已成为西方学者研究中国古代女性的案头经典。

《奁史》于清嘉庆二年（1797）刊刻，时间上起远古，下至清初，内容共分为夫妇、婚姻、统系、眷属、妾婢、倡妓、肢体、

[1] 臧健：《奁史——古代妇女生活的百科全书》，《中国典籍与文化》，1994 年第 3 期。

容貌、性情、蚕织、针线、井臼、文墨、干略、技艺、音乐、姓名、事为、诞育、术业、衣裳、冠带、袜履、钗钏、梳妆、脂粉、宫室、床笫、饮食、器用、绮罗、珠宝、兰麝、花木、禽虫、仙佛等 36 门，各门又分子目，共 153 个。其中，大到典章制度，小到一名一物、微言懿行，凡能反映古代妇女生活的资料则尽录于书。为此，王初桐在《奁史》中引用之书竟达三千种，而所检之书更是不下万种。

王初桐认为，人伦始于夫妇，"有男女然后有夫妇，有夫妇然后有父子，有父子然后有君臣，有君臣然后有上下，有上下然后礼仪有所错"，故《奁史》首列"夫妇"，罗列有关夫妻本分之言论，以及夫妇相从的各类形态，包括相敬如宾、同甘共苦、反目离异、破镜重圆、夫妇合葬等。他又认为，"夫妇之合，端赖婚姻"，故次立"婚姻"，辑录嫁娶礼仪，展列婚姻故事，如皇族婚、同姓婚、世代婚、指腹婚、续弦、辞婚、冥婚等。"夫妇""婚姻"两门之下，立"统系""眷属""妾婢""倡妓"四门，分述各阶层妇女。其余如

动画短片《相思》讲述了嘉定名士王初桐和发小六娘青梅竹马、红豆定情却无缘厮守的爱情故事

"文墨""干略""技艺""音乐"四门，则主要是记载古代妇女在诗文、书画、音律、技艺以至武艺方面的文化成就。[1]

总体来说，《奁史》的分类标准符合一定体例，条目划分也都细致用心，因而能够从比较宏观的层面，反映出传统社会各阶层妇女的生活内容，这就为后世集中查找古代妇女史料，深入了解古代妇女生活状态提供了极大便利。当然，除了《奁史》一书外，王初桐还曾编撰过好几本慧眼独具、极具新意的类书，比如讲养猫历史的《猫乘》、讲蝴蝶赏鉴的《蝶谱》等，称其为奇人作奇书，果真丝毫不为过也。

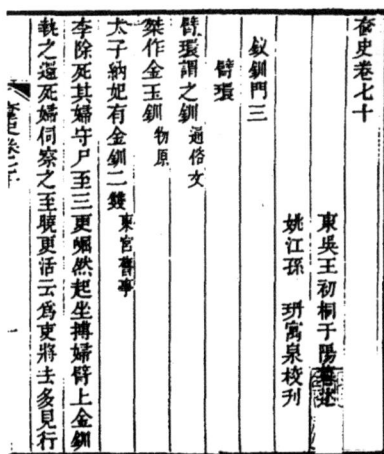

《奁史》部分页面

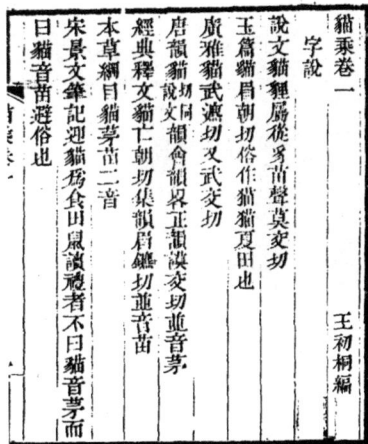

《猫乘》部分页面

---

[1] 刘乾先主编：《中华文明实录》，黑龙江人民出版社 2002 年版，第 1490、1491 页。

"经久由来以朴存" ——嘉定竹刻及其名家

嘉定竹刻博物馆

嘉定竹刻创始于明代正德、嘉靖年间（1506—1566），至今已有500多年的历史。明清时期，嘉定竹刻是江南竹刻工艺的主要流派之一，而嘉定县城则是嘉定竹刻的中心。嘉定竹刻名家辈出，其共同点是以刀代笔，将诗文、书法、绘画、篆刻等多种艺术融会贯通，以竹子为创作载体，加工制成笔筒、香薰、臂搁、插屏、抱对等文房工艺品，或者各种形制的竹根雕刻摆设，供文人雅士赏玩。其技法丰富多样，有浅刻、深刻、薄地阳文、浅浮雕、深浮雕、透雕、圆刻等十余种，制品具有浓郁的江南文化风格和地域特征，在审美旨趣上别具一格。

嘉定竹刻博物馆展厅

嘉定竹刻老艺人以刀代笔，将书画艺术融入竹刻

　　说起嘉定竹刻名家，就不能不提"嘉定派"竹刻工艺的奠基者——嘉定朱氏家族。朱氏家族的第一代竹刻艺人叫朱鹤，它是"嘉定派"的创始人。朱鹤（生卒年不详），字子鸣，号松邻，工诗文、善书画、长治印，他在竹刻制作中极富创造精神，尤其擅长镂空深刻透雕技术，其作品能够在寸竹之间刻成山水人物、楼台鸟兽，无不因势形象，出人意表。但可惜的是，他的传世作品不多，其《古木寒山图轴》目前就收藏于上海博物馆内。

　　其子朱缨（1520—1587），字清父，号小松，年少时便多才多艺，能够继承乃父巧思，其竹刻作品制作精良，青出于蓝，尤其山水云树宛若天工，仕女佛像更有"吴带当风"之誉，今有其《刘阮入天台香薰》亦为上海博物馆收藏。

　　朱鹤之孙、朱缨之子为朱稚征（生卒年不详），号三松，

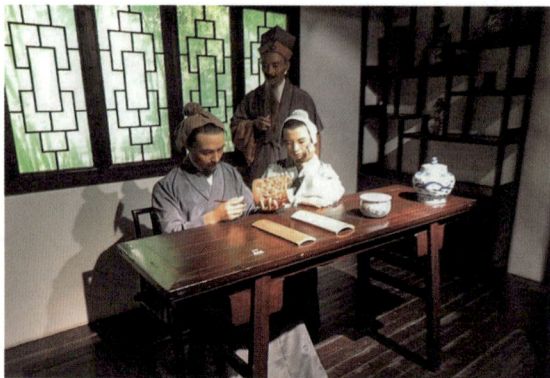

创造嘉定竹刻的朱氏家族

陆廷灿《南村随笔》记曰："疁城竹刻自明正嘉间高人朱松邻创为之……至其孙三松稚征而技臻绝妙。"他在竹刻技艺上已可娴熟运用圆雕、透雕和高浮雕诸法，每件作品必反复揣摩斟酌，精心雕刻达数月之久。据说，乾隆帝对朱三松所刻笔筒情有独钟，曾题词曰"传审只作萧疏笔，经久由来以朴存"。其《饮中八仙笔筒》《清溪泛舟笔筒》《仕女窥简笔筒》均为中国历史博物馆、故宫博物院所收藏。[1]

朱氏家族之后，明代嘉定竹刻名家还有秦一爵、沈大生、侯崤曾等。秦一爵乃自学"嘉定派"技法，往往立意创新，但因平日矜贵不苟徇人求，故传世作品绝少。沈大生，字仲旭，号禹川，本为民间医生，后从朱稚征学艺，深得其师雕法精髓，作品构图丰满集中，刻画细致入微，故时人将朱稚征、沈大生

<hr>

[1] 楼耀福：《嘉定竹刻的前世今生》，《档案春秋》，2012 年第 5 期。

合称"朱沈"。侯崤曾乃嘉定抗清烈士侯峒曾之族弟，侯峒曾携二子靖难后，侯崤曾便避世隐居，以吟诗雕竹自遣，亦师法朱稚征竹刻技法，作品以高浮雕、圆雕为主，兼施镂空雕，所雕者以笔筒居多。

入清后，嘉定竹刻盛极一时，其名家又有吴之璠、封氏兄弟、施天章、周颢、顾钰等。吴之璠，字鲁珍，号东海道人，为朱稚征后嘉定竹雕之第一高手，他生活和创作于康熙年间，生前默默无名，直到乾隆四十年（1775），清高宗于内府见其笔筒作品，刻有"槎溪吴鲁珍"名款，乃向左右询问鲁珍何人，后由侍臣翻检陆廷灿《南村随笔》得知，从此名声大噪，乃"薄地阳文"雕法之开创者。

封氏兄弟世居嘉定马陆，封氏家族内有竹刻高手十余人，

明清嘉定竹刻精品

明代朱鹤竹刻《松鹤》笔筒

其中以封锡爵、封锡禄、封锡璋三兄弟成就最高，尤其是老二封锡禄精于竹根人物，人称"竹刻王"。康熙四十二年（1702），清圣祖第四次南巡，在苏州见封氏兄弟圆雕作品，爱不释手，便下诏封锡禄、封锡璋兄弟入京，专为皇室制艺，由此封氏竹刻驰誉天下。

施天章（1702—1774），字焕文，善书画，尝师法南宋画家夏圭和马远之画风，又能自出机杼，成一家风骨。他喜好竹雕，乃拜封氏兄弟中封锡禄为师，以绘画驾驭竹雕，作品颇具画意，后与封氏兄弟一样，成为御用雕刻艺术家，作品曾独步一时，名满天下。

周颢（1685—1773），字晋瞻，号芷岩，自幼学画，师从清初虞山画派大帅王翚，颇得其真传，又善画竹，兴酣落笔，风枝雨叶，无不曲肖，在江南一带闻名。绘画之余，周颢还酷爱竹刻，前世各种刻法无所不能，并将"绘画六法"融合运用于竹刻艺术，自创"画法刻竹"，其技法奇纵变幻，迭出新意，所雕山水树石丛竹，峻逸生动，世称精臻。

顾钰，字宗玉，其竹刻作品不以"韵"胜，而以"工"名，清代中期的江南竹雕崇尚刀法简练，有写意风格，但他的竹雕却以刀法精细为特征，用刀细密，山水人物亦

明晚期朱缨竹雕
《刘阮入天台香筒》

讲究细微逼真，因其技法写实，每刻一器少则一年，多则两三年，故其作品皆上乘之作。

晚清以降，嘉定竹刻名家还有时大经、张学海、程庭鹭等，但此时的嘉定竹刻已在整体上开始走下坡路。由于文化修养和书画功力的缺失，晚清嘉定竹雕完全失去了原有的艺术特色和审美品位，由高档艺术品向普通工艺商品迅速转变，大多数竹刻家沦为艺人或商贾，他们设肆营业，翻新花样，只是为了追求速成且量多，竹刻技艺遂与日俱劣。

嘉定竹刻

民国以后，嘉定竹刻渐趋滞销，产品以贴黄为主，高雅之作寥若晨星。抗战时期，嘉定沦陷，许多竹刻店被迫歇业。新中国成立后，整个嘉定县内仅有几位老竹匠从事简易刻竹，赖以维持生计。改革开放后，1981 年，嘉定县工艺品公司建立了竹刻小组，着手培训竹刻艺人。历经 30 余年培育和扶持，现在的嘉定竹刻已有了长足发展。2005 年，嘉定区竹刻协会成立。2006 年，嘉定竹刻被国务院批准列入第一批国家级非物质文化遗产名录。2007 年，嘉定区建立了嘉定竹刻博物馆。

"义兴公司" 罗汉党 农民起义千古奇

　　你能想象吗？处于"数千年未有之大变局"下的清代农民，竟然在一次揭竿起义中，成立了一个以充满西方资本主义色彩"公司"二字命名的政权！这难道真的是一场"穿越"？抑或是史料记录出了讹误？不，这确实是一个真实的历史事件，而这一事件就发生在嘉定地区。

　　在上海小刀会起义留存的文物中，有一面"义兴公司腰凭"，这到底是样什么东西呢？根据史料记载，作为小刀会起义之一的嘉定起义军，曾以"义兴公司"的名义发布过一个告示，称起义军"帅兵伐暴，志在扫除贪官污吏，并勿扰害良民"。当时有一本民间笔记叫作《袅林小史》，记录了上海小刀会起义告示的落款确为"顺天洪英义兴公司"，但这本笔记的主人对此提出了"不知何义"的疑问。

　　后来，有学者终于将这一问题解释清楚，原来小刀会是天地会的一个支派，在清末百年间，天地会在南洋（今东南亚一带）发展迅速，并试图在一些地方举事。盘踞南洋的西方殖民者逐渐关注到了天地会的活动态势，为防范万一，便下令取缔天地

油画《小刀会起义》

会，甚至凡带有"会"字的民间组织也一律禁止。在这种情况下，当地天地会徒就想到了用"公司"取代"会"，从而避开西方殖民者的禁令。这一做法很快便传入国内，并在闽粤籍农民中得到运用，于是便有了前面所说的"义兴公司"的名号。[1]

小刀会是一个松散的民间秘密结社，加入者五花八门，甚至还有一些更小的民间会党组织委身其间。比如，清咸丰初年，嘉定县农村连受灾荒，官府强征暴敛，闹得民不聊生，

---

[1] 谭彼岸：《关于上海小刀会"义兴公司"的性质》，《历史研究》，1980 年第 3 期。

有一个家住南翔徐家池的农民叫徐耀，在嘉定南翔秘密组织了一个会党，取名"罗汉党"，并以互助互救、反抗压榨作为行动目标。由于口号深得人心，一下子就吸引了嘉定各乡农民和手工业者共计500多人参加到罗汉党中，大家一致推选徐耀为首领。

咸丰三年（1853），徐耀听说大德寺当家和尚贯之正在寺内与杨仙姑通奸。因为贯之和尚平日勾结官府，欺压百姓，民众对他恨之入骨，于是，徐耀就率领罗汉党徒冲进大德寺，当场捉住了贯之和尚与杨仙姑。贯之和尚只得认罚，极不情愿地拿出20石大米接济贫民。事后，贯之和尚出于报复，串通县衙，诬告徐耀"聚众抢劫"。徐耀就此被捕，被钉在木笼里，放在县衙门前示众，经受烈日曝晒。罗汉党徒不忍其首领受害，发动南翔农民近千人，以锄头为武器，赶到嘉定，大闹县衙并救出了徐耀。徐耀认为事已至此，反与不反都要遭难，倒不如干脆大干一番。于是，徐耀率领党徒捣毁了县衙，打开牢狱，放走了其他囚犯，嘉定知县冯瀚则侥幸翻墙脱逃。

徐耀率众返回南翔后，锻造刀枪，操练人马，积极联络青浦周立春为首的天地会，并在上海刘丽川为首的小刀会支持下，于咸丰三年八月初三（1853年9月5日）再度占领嘉定，并且正式打出了前面提到的"义兴公司"的奇伟名号，竖起"反清复明""替天行道""安邦定国"的旗帜。此后，徐耀将其率领的罗汉党并入小刀会。罗汉党两次占领嘉定县城，拉开了上海地区小刀会起义的序幕。

小刀会首领刘丽川很快得知苏松太兵备道台吴健彰企图把上海县城内的40万两白银运走，作为进攻太平军的军饷，于是，刘丽川等人决定改变原定冬季起义的计划，于八月初五日（9月7日）乘上海城内举行祭孔大典之机，提前发动起义。当日清晨，头包红巾、腰缠红带、手持武器旗帜的上海小刀会起义军在守城卫兵的内应下，突然从北门冲入城内，经短时间战斗，攻克县衙，杀死了知县袁祖德，接着又占领炮台，包围了吴健彰的道台衙门。吴健彰乞求饶命，交出官印，后为美国驻华公使马沙利救出，在租界里重建道台衙门。

小刀会起义军占领上海后，即以孔庙为总指挥部，建立了"大明国"政权，公推刘丽川为"大明国统理政教招讨大元帅"。徐耀在其麾下出任"大明国招讨大将军"，因其作战英勇，又被誉为"常胜将军"。起义军发布告示，揭露当地官吏种种罪恶，表明起义目的，同时又申明军纪，与民秋毫无犯，由此得到了广大群众的拥护，不少人自带刀棍枪矛投身起义军。

此后，刘丽川、周立春、徐耀等为扩大起义军势力，立即由上海、嘉定分兵出击，于八月初七日（9月9日）占宝山，八月初八日（9月10日）破南汇，八月十一日（9月13日）克川沙，八月十五日（9月17日）占青浦。从八月初三日（9月5日）

连环画《刘丽川起义》书影

罗汉党占领嘉定县城起，在短短十二天内，小刀会起义军攻占了六座县城，声威大振。为了得到太平天国的支持和领导，刘丽川派人分水、陆两路前往天京（今南京市），宣布上海小刀会起义军为"太平王部属"，竖立"太平天国"旗帜，刘丽川自己也改称"太平天国统理政教招讨大元帅"。

但没过多久，清廷便调集重兵前来镇剿。八月十八日（9月20日），清军丁国恩部进逼嘉定，在城中反动地主豪绅武装内应下，迅速攻破城门，杀入县城。徐耀率领起义军经过激烈巷战后，于八月二十日（9月22日）撤离县城。起义军一部分在嘉定以西农村继续坚持斗争，另一部分则由徐耀率领，经南翔撤入上海县城。八月二十日至二十五日间（9月22日至27日间），青浦、宝山、南汇、川沙的起义军也在清军和地主武装进攻下撤离县城，退守上海，开始了上海县城的保卫战。由于上海一地紧密牵扯西方列强在华利益，出于对农民起义军的仇恨和恐惧，英、美、法等西方列强宣布支持清政府，并参与镇压小刀会起义。在中外反动势力勾结围剿下，小刀会起义军终因众寡悬殊，弹尽粮绝，被迫于咸丰五年正月初一日（1855年2月17日）弃城突围。在突围过程中，刘丽川、徐耀等将领相继壮烈牺牲。

上海小刀会起义是我国近代史上一次颇有名声的城市武装起义，它有力支持了太平天国运动，沉重打击了清政府和外国侵略者的罪恶统治。而作为小刀会起义的先声，嘉定南翔徐耀

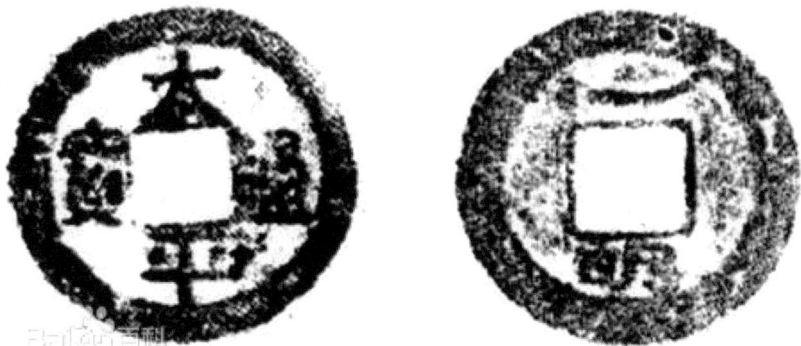

小刀会发行的钱币"太平通宝"

领导的罗汉党起义，显示了中国人民不甘屈服于封建统治和外国侵略的革命精神，其历史影响和作用也是不可低估的。

《资本论》在华传播第一人——蔡尔康

古代嘉定人文荟萃、文化昌明，嘉定人受此传统环境熏陶，多以读书明理为风尚。晚清时期，科举废除，读书人仕进之途无奈中断，但所幸时代巨变，许多新职业亦应运而生，使得那些从旧时代走来的知识分子重新找到了个人谋生与发展的机会。这些新职业不仅有教师、律师、买办、文员等，还包括围绕报业和出版业发展而形成的报人、记者、专栏写手和畅销书作家等。在后一类群体中，有一位非常著名的嘉定籍报纸主编兼新闻记者，他就是蔡尔康。

蔡尔康（1851—1921），字紫绂，别号铸铁庵主、仙史、涨海滨野史等，出生在嘉定南翔，太平军东征时因避战乱，举家迁居上海。蔡尔康少负才名，清同治七年（1868）考中秀才，但此后屡次应试未能中举。清光绪二年（1876），进入《申报》馆工作。《申报》创办于1872年，最早由英国商人出资开办，是中国第一份以营利为目的的商业报纸，故被目为中国现代报纸之开端。起初，蔡尔康负责主编该馆出

蔡尔康

版的一份通俗报纸《民报》，他尝试将报纸名称由竖排改为横排，并把西洋新闻纸运用于中国报业，进行了用毛边纸单面印刷的尝试，从而为《申报》馆在报业市场竞争中取得了先机。第二年，他参加了《寰瀛画报》的中文说明编撰工作，并成为《申报》主笔。但仅过了两年，他便与报馆账房不和，离开了《申报》。

光绪八年（1882），《字林沪报》由上海字林洋行出资创办，英国人巴尔福任总主笔，并聘蔡尔康、戴谱生担任华人主笔。蔡尔康在任主笔的同时，还具体负责了该报"附张"《花团锦簇楼诗辑》的编辑工作，这种"附张"就是后来很多报纸效法采用的"文艺副刊"雏形。此外，蔡尔康还决定将"天下第一奇书"、清小说家夏敬渠所写的《野叟曝言》，排成报纸版面形式，每日随报附送，开了我国报纸连载长篇之先河。

光绪十七年（1891），蔡尔康辞去《字林沪报》主笔职务。光绪十九年（1893），他参与筹建《新闻报》，并担任首任主编。

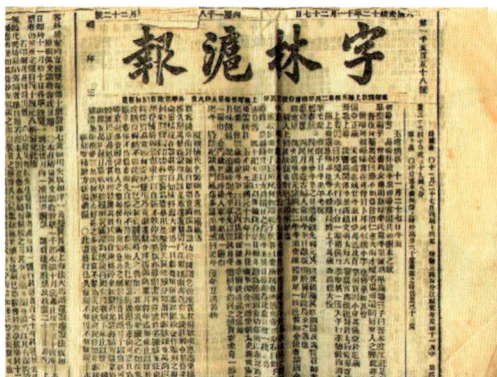

蔡尔康曾任《字林沪报》华人主笔

但没过多久，颇有主见的蔡尔康因与董事会意见不合，便宣布退出《新闻报》馆。同年底，在英国国教浸礼会传教士李提摩太（Timothy Richard）"推毂殷拳，贻书介绍"下，蔡尔康在中西书院结识了刚由美返华的基督教监理会传教士、著名教育家林乐知（Young John Allen），他是《万国公报》的创始人之一。《万国公报》这份报纸对中国近代发展的影响极其深远，此时负责《万国公报》笔政的沈毓桂年届九旬，已无力承担报刊事务，他便在

《万国公报》创始人之一林乐知

林乐知面前极力推荐蔡尔康接替自己出任主笔。于是，从光绪二十年（1894）起，蔡尔康正式入主《万国公报》馆并负责该报笔政，直至光绪二十七年（1901）。

在历时八年的主编生涯中，蔡尔康协助林乐知、李提摩太等人共编辑《万国公报》95册。在此期间，由他笔录，林乐知、李提摩太等口述，还合作翻译了大量有关中西政治、经济、社会、历史、地理等方面的文章，并竭力宣传保清朝、抵外侮、亲英美、倡维新的主张，因而对该时期的中国维新运动产生过重大影响，被维新派誉为"几合美华为一人"。蔡尔康担任笔政的第一年，中日之间便爆发了甲午战争。战争期间，他和林乐知广泛收集中日官方文牍与照会，并写成文稿在报上发表，为

《万国公报》

国内民众及时了解甲午战况起了重要作用。光绪二十二年（1896），蔡尔康等人将这些报纸文稿合编为《中东战纪本末》十六卷，由上海图书集成局出版，内容包括日本对中国的宣战书，清政府的明权书，李鸿章与日本官员的来往书信，丰岛海战、牙山战役、平壤战役、黄海战役、旅顺威海卫战役经过，《马关条约》签订过程和条约文本，以及清政府向英、德两国银行借贷还赔款等，这些珍贵史料为我们今天了解甲午战争史实有着极大帮助。

光绪二十七年（1901），蔡尔康离开《万国公报》，但仍留在该报的出版机构广学会任记室一职，直到1921年病逝，享年70岁。蔡尔康在主笔《万国公报》期间，还曾做过一件意义重大的事情——正是在这份报纸上，马克思及其《资本论》之译名首次出现在中国人眼前。光绪二十五年（1899），李提摩太同蔡尔康合作节译了英国社会学家本杰明·基德（Benjamin Kidd）的《社会进化论》（*Social Evolution*）一书（当时的书名被译为《大同学》）；其中，节译本前四章又被发表在《万国公报》上。

根据有关学者考证，节译本第一章《今世景象》发表在《万国公报》1899 年 2 月第 121 册，其中写道："其以百工领袖著名者，英人马克思也。"这是 Karl Heinrich Marx 其人，以"马克思"的中文译名，第一次出现在中国报刊上，不过可惜的是，蔡尔康误将他当作了英国人（实际是德国人）。而第三章《相争相进之理》则发表在《万国公报》1899 年 4 月第 123 册，其中写道："试稽近代学派，有讲求安民新学之一家，如德国之马克偲，主于资本也。"这是中国刊物上第一次提及马克思所写的《资本论》，不过还是可惜的是，蔡尔康这一次又把"马克思"译写成了"马克偲"。[1] 以蔡尔康所处之时代与思想条件，产生如此误解或误笔是完全可以理解的，毕竟他为马克思及其学说在中国社会的早期传播做出了积极贡献。

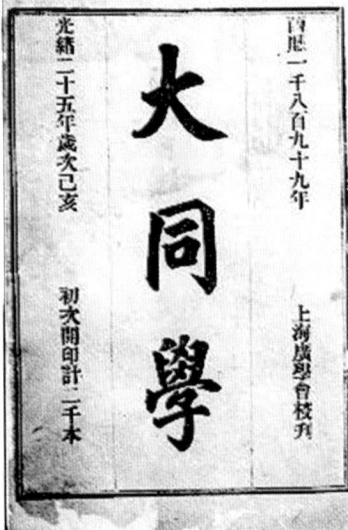

《万国公报》上连载的《大同学》

---

[1] 徐洋、林芳芳：《〈资本论〉在中国的翻译、传播和接受（1899—2017）》，《马克思主义与现实》，2017 年第 2 期。

廖氏家族的百年教育救国梦

　　廖氏为清代嘉定望族，也是江南著名的科举世家。廖氏家族自清康熙年间迁居嘉定以来，数百年间绵延不衰，科第功名代不乏人，曾创下一族四代五进士、兄弟同进士的辉煌传奇。清末民初，在废科举兴西学的时势浪潮下，廖氏家族紧随时代脚步，迅速完成由仕转文，从而涌现出一批文化名人。在这些文化名人中，就有两位非常杰出的教育学家——廖寿丰和廖世承叔侄二人，他们持续百年的教育救国梦想，彰显了廖氏家族代代相传的忧国爱民的家族精神。

　　廖寿丰（1835—1901），字谷似，号止斋，祖籍福建永定，出生于嘉定县城"聪彝堂"（俗称廖家大院，今嘉定城区人民街附近，现已拆除），自幼读书刻苦，熟悉历史，又通数学、历算。同治十年（1871）中进士，授翰林院庶吉士，充国史馆编修。光绪十三年（1887），出任浙江按察使，后升为河南布政使。他在河南任

廖寿丰画像

内，治水患，劝农桑，实粮仓，颇有政绩。光绪十九年（1893），升任浙江巡抚，成为一方封疆大吏。维新变法时期，他奉旨推行新政，开办蚕丝厂，设蚕学馆、武备学堂。是时清廷腐败，积重难返，内忧外患，民不聊生。面对列强侵略、民族危亡的时刻，许多有识之士都在积极探求救国之策，而教育救国、培养人才，是当时社会舆论的主流观点之一。

作为支持维新派的地方大员，廖寿丰于光绪二十三年（1897），向清德宗（即光绪帝）递呈了《创办求是书院兼课中西实学事奏折》。他在奏折里说："居今日而图治，以培养人才为第一义；居今日而育材，以讲求实学为第一义。"这两句话后来成了求是书院的办校宗旨。当年，清德宗就御批了此份奏折，于是，廖寿丰携杭州知府林启以及一批地方乡绅创办了求是书院。当年，书院招收了"举贡生监"30 名；次年，又扩充学额，分设内、外两院，以原来的 30 名学生为内院生，另招外院生 60 名，但凡有志于讲求新学者均可报名录用。

求是书院还开设了数学、物理、化学、史地、博物、音乐等现代课程，以及造船、

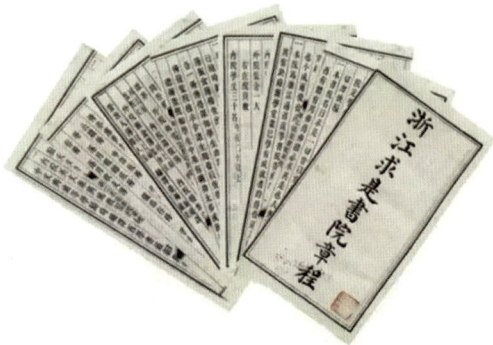

《浙江求是书院章程》

种植、矿物、制造等技术科目，成为浙江地区传播新思想、新知识的重要场所之一。书院还创办了自费留学的项目，并于1898 年和 1902 年，分两批输送了许寿裳等 32 名学生赴日本留学。廖寿丰创立求是书院，在中国近现代教育史上占有重要地位，也为清末民初我国新式高等学堂的开办与发展提供了宝贵经验。

光绪二十七年（1901），求是书院改名为浙江求是大学堂；翌年，又改称浙江大学堂；越一载，又更名为浙江高等学堂。清朝覆灭后，1912 年，浙江高等学堂易名浙江高等学校，从1914 年至 1926 年间，学校停复不定且屡有更名，直到 1927 年，浙江高等学校正式恢复办学，取名为"国立第三中山大学"，下设文理、工、劳农三个学院；其中，工学院由浙江公立工业专门学校改组而成，劳农学院由浙江公立农业专门学校改组而成，全校学生人数达到 170 多人。1928 年，"国立第三中山大学"正式改名为"国立浙江大学"。此后，"浙江大学"之称沿用至今，而这所学校也早已成为海内外闻名的国家双一流重点大学。时至今日，创始人廖寿丰所提倡的"求是"校风，依然是浙江大学宝贵的精神瑰宝与光荣的人文传统。

廖世承

　　廖世承（1892—1970），字茂如，出生于嘉定县城（今嘉定城区），为廖寿丰之侄，其父廖寿图乃廖寿丰族弟。廖寿图是圣约翰大学（当时上海著名的教会大学）的教授，故廖世承幼承庭训，以读书明理为要务且未参加过旧式科举。宣统元年（1909），他考入南洋公学（今上海交通大学前身），求学期间经常阅读资产阶级革命派所办报纸《民立报》《民吁报》等，养成了关心国事、锐意进取的优良品质。辛亥革命胜利后，南洋公学由五年制改为四年，廖世承提前毕业。1912年，他又考入北京清华学校高等科（今清华大学前身），遂赴北京求学。

　　1915年，在其父支持下，廖世承怀揣教育救国理想，赴美留学于布朗大学（今美国常春藤联盟成员校之一），专攻教育学和心理学。留学期间，他勤奋努力，成绩优异，仅用三年时间便同时获得了哲学学士与文科硕士学位，且荣获曼宁优奖生及美国科学荣誉会会员等称号。1918年，廖世承继续申请攻读博士学位，并被美国著名机能主义心理学家柯尔文教授录取。当时，国内时局动荡，急需人才，在其父催促下，廖世承只能于1919年回国，但他并没有放弃博士学业，其博士论文是在国内写好后寄回布朗大学的，并于1921年通过审核而成功获得博士学位。

　　回国后的廖世承先后任南京高等师范学校、国立东南大学教育科教授，是当时著名的中等教育专家。他积极致力于教育科学实验，参与创建了中国最早的心理实验室之一即南京高等师范学校心理实验室，并与其同事、中国著名儿童教育学家陈鹤琴一起开展教育心理实验。他以这些实验为基础，编著了《智力测验法》，该书是中国最早的智力测验专著，之后又编写《教育心理学》和《中学教育》两书，成为中国最早的两本高等师范及中等师范学校教科书。

1927 年，廖世承受邀来到上海，担任光华大学（今华东师范大学前身）副校长兼附中主任。他在光华大学的十年时间里，立足于光华大学附中建设，对我国中等教育的历史、现状和未来进行了比较全面且系统的研究。1937 年"八一三"淞沪会战后，上海沦陷，廖世承临危受命，前往湖南省安化县蓝田镇创办了"国立师范学院"（今湖南师范大学前身）。抗战胜利后，廖

1933年光华大学附属中学全体教职员照片(前排左五为廖世承)

廖世承为《光华附中》（半月刊）题写刊名

世承回到上海，又先后担任了光华大学副校长兼附中主任、校长。

新中国成立后，1951 年，光华大学、大夏大学等高校合并成立华东师范大学，廖世承出任副校长。此后，从 1956 年至 1970 年间，他先后就任上海第一师范学院、上海师范学院（今上海师范大学前身）院长，并被选为第二、三届全国人大代表和上海市人大代表，第三、四届上海市政协常委，任民盟上海市委第一副主任委员、上海教育学会会长。廖世承一生中西学养深厚，教育成绩斐然，且对于教育事业执着坚守，既对高师教育驾轻就熟，又对中等教育颇具心得，诚可谓近现代教育救国者的典范！

吴宗濂：通洋务办外交 驻欧洲使五国

嘉定在中国近代史上被誉为"外交家之乡"，晚清以来这里诞生过多位世界知名的外交官，其中最早的一位，就是下面要讲的吴宗濂。吴宗濂（1856—1933），字挹清，号景周，出生于嘉定县城（今嘉定城区），自幼遭父丧，家境贫寒，随母归居舅家，但他天资聪慧，敏学勤思，考中秀才后因学业优异被选入国子监读书，成为一名监生。他的语言天赋很好，清光绪二年（1876）进入上海广方言馆学习，次年又进入北京同文馆学习法语和俄语。因其学习成绩突出，不久后经总理衙门保奏，被候选为中书科中书，擢同知府候补道。

光绪九年（1883），吴宗濂得到李鸿章垂青，共同前往沙俄订立边界条约。在这一事件中，吴宗濂举止得当，李鸿章也对其翻译能力十分满意。自光绪十一年（1885）

吴宗濂

总理衙门匾额

起，他历任驻英、驻俄使馆翻译。光绪十六年（1890），他又被任命为驻英钦差龚心湛之随员。在英国和俄国的十几年时间里，吴宗濂积累了丰富的外事经验，为其后正式的外交官生涯打下了良好的基础。

在跟随龚心湛出使西欧期间，吴宗濂对开展外交活动的方式方法有了全新认识。光绪十九年年（1893），吴宗濂向龚心湛进言，举办舞会对中国高层了解世界大势颇有裨益，应将其作为开展外交的一种新方式大力推广。他在上呈的条陈里强调"各处盛会宜亲到也"，因为在舞会中"男女可以在彼连袂握臂，双双跳舞；不明西语者，赴此盛会，可以一开眼界；至出使大臣与参赞翻译，则借此可与名公巨卿、淑媛命妇，稍叙阔衷，推广交谊，是原非无谓之应酬也"；他还认为，中国驻外使馆也应当适时地举办舞会，乃出于礼尚往来，"以彰国体而结邦交"，并显示"敬上尊王之意"。此后，他还以驻法的俄国和德国公使在其君主生日之际举办舞会为例，向龚心湛建议于慈禧太后60大寿时举办舞会、大宴宾客、广结邦交。这些新观点和新做法，对近代中国外交礼仪之改革有着积极推动作用。

光绪二十三年（1897），吴宗濂回国，就职于卢汉铁路稽查部（1904年改名为京汉铁路）。光绪二十七年（1901），他短暂回到上海，担任广方言馆法语教习，次年旋即被清廷任命为驻法使馆秘书。光绪二十九年（1903），他改任驻西班牙使馆代办，并承担起了对英、法、比、意、德五国之中国留学生的监督工作。光绪三十年（1904）又改驻奥地利使馆代办。至此，48岁的吴宗濂已先后在五个欧洲国家担任过使馆工作，这种经历在当时清朝外交界实属罕见。由于其外事协调能力突出且年富力强、资历老练，吴宗濂于光绪三十四年（1908）被任命为外务部左参议、右丞，翌年便奉派出任驻意大利钦差大臣，由此开启了他的正职外交官生涯。

宣统二年（1910），作为驻意钦差大臣，吴宗濂认为"各国外交礼服，采异制同，视为一律，独我冠裳宽博，参差显著，非所以尊国体协邦交"，并以此为由，建议清廷按照1905年练兵处改易军服的办法，对外交官的礼服品级，以及出席宴会时的服装进行改良，从而保持与西方各国协调一致。此建议得到了清廷重视，并命外务部就此进行商议。外务部经过慎重考虑后，同意吴宗濂建议并奏请清廷"参仿练兵处王大臣奏改军服办法，拟将出洋外交官服式量为变更，以期便利而祛隔膜"。此事后不久，正值 1911 年都灵"世博会"举行在即，当时的清廷处于革命风暴之中，风雨飘摇、自顾不暇，因而拒绝了意大利让中国参展的邀请。吴宗濂得知此消息后，依然积极建言清廷与会，最终经过多方努力，清廷决定参加都灵"世博会"。在吴宗濂的亲自过问和协调下，中国在这次"世博会"上展示的物品有江西瓷器、北京景泰蓝、上海中西服装、山东玻璃、丝绸、绣货等，还有各地学堂学生的洋文成绩、上海制造局的军舰图纸，以及其他体现近代中国社会变化的物品。在这次"世

1905 年清政府练兵处拟定的
新军服样式

博会"上，中国居然一举获得奖项近 300 多个，其中包含 58 个超等奖、79 个优等奖、65 个金牌奖等，数量之多可谓前无古人，这中间当首推吴宗濂的劝展之功。

辛亥革命后，1912 年 1 月 3 日，在袁世凯幕僚梁士诒的策划下，驻俄公使陆征祥联合其他几位驻欧使臣电请清帝逊位。1 月 22 日，吴宗濂与驻日公使汪大燮等电请清帝退位，实行共和。这些驻外公使的电报，断绝了清王朝寻求西方列强支持以求苟延残喘的幻想，加速了清帝退位。清王朝覆灭后，吴宗濂虽身为清朝官吏，但得到袁世凯器重，继续留在意大利担任"中华民国"驻意大利外交代表。在此期间，他又受孙中山委托，积极向英、法、意和比利时等国筹集资金，建设沪宁、津浦、陇海三大铁路干线。在筹款过程中，他坚持事权不落外人、筹资不碍主权、以中国铁路总公司名义而非国家名义借外债等

都灵世博会镀银铜章

原则，赢得了国内政坛的一致好评。此外，他办事正直干练，公正廉洁，有理有节，也获得了孙中山等政要的高度赞赏。

1913 年底，吴宗濂辞去驻意大利外交代表一职，启程回国。一到国内，便被袁世凯邀请，担任了北京"大总统府"外交谘议。袁世凯死后，由于在外交经验上德高望重，吴宗濂继续被民国政府所倚重。1916 年底，他担任了外交部特派吉林交涉，参与中俄中东铁路归属权谈判。他曾颇有先见之明地建议北京政府应尽快派遣中东铁路督办，以为收复中东铁路路权之计，但未被及时采纳，此后，随着中国与俄国对中东铁路的争夺加剧，直到 1917 年底，北京政府才正式任命吉林省省长郭宗熙为中东铁路督办。正是在 1917 年后，吴宗濂的外交生涯基本告一段落，主要活动逐渐转移至国内。

1918 年，吴宗濂当选"中华民国"第二届"国会"参议员（因此届"国会"为皖系军阀操纵"安福俱乐部"所控制，故史称"安福国会"；因该俱乐部位于北京安福胡同而得名）。1924 年，他又被任命为南京浦口商埠督办，筹划开辟港口和建造长江大桥等事宜。1925 年，他出任了上海法租界"市政会议"委员。从 1930 年起，他又担任了国民政府条约委员会委员。未久因年长力衰而卸任，他先居北京，后归上海，并在法租界中以其人脉和声望，谋得了"公董局"董事一职，维持晚年生活。1933 年 9 月，吴宗濂病逝于上海，享年 78 岁。

除了外交贡献卓著外，吴宗濂在业余时间还兴趣广泛，笔耕不辍。他著有《随轺笔记》四卷，还曾译著《德国陆军考》《法语锦囊》《罗马尼亚国志》《澳大利亚新洲志》等，并编著了我国第一部有关引种外来树种的现代植物学著作——《桉谱》。其中，《随轺笔记》一书最富历史价值，特别是第二卷《记事》记录了孙中山在伦敦被捕之事，为后人还原这桩历史名案提供了可靠资料。[1]

[1] 关培凤：《吴宗濂：推动中西交流的外交官》，《世界知识》，2011年第21期。

妙手丹青：从洋画先驱周湘到抗战画家沈逸千

自古诗书画印不分家，历史上的嘉定文人雅士荟萃，其中便不乏书画名家。有学者粗略统计，自南宋以来，嘉定一地书画家有 600 余人，其中明清两代最盛，可达 440 余人。[1] 正是由于浓厚书画艺术氛围的数百年熏陶，使得清末民初以降，嘉定地区仍能不断涌现出在上海乃至全国极具影响力的书画名家。以下就讲一讲两位近代嘉定籍画家的生平故事。

第一位是被誉为"上海洋画先驱"的周湘。周湘（1871—1933），字印侯，号隐庵，别署灌园老叟，出生于黄渡镇（今嘉定区安亭镇黄渡社区）。他出身书香门第，祖上为四品京官，家道虽已中

周湘

---

[1] 顾建清：《嘉定书法名人：大家风范 风格迥异》，《嘉定报》，2014 年 6 月 24 日。

周湘《仿古花卉册》

落，但周家在黄渡镇上仍有偌大老宅"淞隐庐"，其间所藏典籍及书画颇丰。天资聪颖、艺术天赋极高的周湘早在童年时代就喜好翻阅家藏典籍与书画，尤其在绘画方面，稍经长辈点拨便能即刻领悟，临摹书画更是以假乱真，因而在当地被目为"神童"。

清光绪九年（1883），年仅 13 岁的周湘参加青浦县试位列前茅，但因文章过于出彩而遭乡人猜忌非议。周湘一气之下便放弃举业，从此决意仕进，将心思完全放到了书画之上。不久后，周湘移居上海市区，拜师著名山水画家杨伯润、人物画家钱慧安，以及胡震、吴大澂、王秋言等文人名士，学习诗词、书法、绘画和篆刻。当时，徐家汇天主教法国耶稣会开办了一个"土山湾画馆"，专门教人西洋画法，周湘出于好学便报名参加，很快就掌握了西洋画法之要领，于是中西合璧，思路大开，艺技大进。

光绪二十年（1894），周湘为提高自己书画和篆刻作品的声名，遂借居北京东单一带，于京官上下朝路上专门摆设了一个书画篆刻摊，借以吸引"伯乐"。时任礼部侍郎许应骙由此结识了周湘且十分欣赏其画作，遂将周湘引荐给了光绪帝师、军机大臣翁同龢。翁同龢不仅常邀周湘到府上观赏宋元书画真迹，更是将其画作呈送光绪帝御览。光绪帝对周湘画作评价极高，称其为"今之石谷也"（"石谷"指清初虞山画派大师王石谷）。与此同时，周湘也因翁同龢推荐而结识了康有为、梁启超、谭嗣同等维新派干将，并参与了戊戌变法。结果，变法失败后，周湘被清廷通缉，被迫逃亡日本。

在日本东京时，周湘结识了一位清廷外交官，此人因赏识周湘才华，乃令其化名同赴欧洲，担任驻外使馆秘书。到了欧洲后，周湘为西方绘画艺术所深深吸引，在空余时间里经常如饥似渴地参观英、法等国美术馆、博物馆和画廊展览，从而对西洋油画和雕塑有了极深的理解与体会；同时，他也结交一批当时著名的西洋画家。寓欧十年，周湘通过勤奋游学，终于掌握了各种西洋美术基本技法和创作要领，并开始思考如何运用西洋长处来丰富发展中国新美术问题。

光绪三十三年（1907），周湘因胞弟去世，决定归国返沪，以照顾业已年迈的双亲。他起初在一家书店任美术编辑，不久决定自己创办传授西洋美术的学校。自宣统二年（1910）起，周湘在上海相继创办了中西图画函授学堂、上海油画院、背景画传习所、中华美术专门学校等，倾力传授西洋美术，培育中国美术新人，拉开了近代中国洋画运动的序幕。他的学生中有乌始光、陈抱一、刘海粟、张眉孙、汪亚尘、张聿光、丁慕琴、王师子、杨清磬等，这些人后来都成了中国第一代西洋画家和美术教育家，为中国新美术建设与发展产生了重要影响。比如，乌始光、刘海粟、汪亚尘等于1912年创办了上海美术专科学校；张聿光创办了聿光图画专科学校；陈抱一参与创办了上海中华艺术大学，等等。

20世纪30年代上海美术专科学校旧址

作为一个从旧时代走出来的知识分子，由于有着与众不同的丰富国外生活和学习经历，周湘的思想是开放包容的，也是开明超前的。他在传授西洋美术技艺之余，又逐渐认识到了民族美育的重要性。1919年底，他与吴梦非、丰子恺、刘质平、姜丹书、萧蜕、胡怀琛等美术教育家在上海发起创立"中华美育会"，并创刊《美育》月刊，希望通过学术研究和理论宣传，将美术、音乐、舞蹈、戏剧教学真正纳入民族美育中。1933 年，周湘因积劳成疾而去世，享年 63 岁。著有《周湘山水画谱》四册传世。

第二位是被誉为"抗战火线画家"的沈逸千。沈逸千（1908—1944）开创了 20 世纪中国西部题材绘画的新类型，是同徐悲鸿齐名的近代画马名家。他祖籍松江，但出生于今嘉定城区西大街，其祖父沈柳汀为清代国学生，于嘉定城内留有宅居"四声堂"。他早年师从旅沪日本画师细川立三学习素描，后考入上海美术专科学校西画系深造。在校期间，他开始尝试将西洋画素描写生技法与中国画笔墨技巧相结合。据说，1931 年"九一八"事变后，上海街头出现的第一幅抗日宣传画就是出自他的手笔。

沈逸千

1932 年夏，年仅 24 岁的沈逸千从上海美术专科学校毕业，成为一名职业画家，不久后，满怀爱国热情的他又以画家身份参加了"陕西实业考察团"，从而开启了中国西部题材绘画生涯。该年底，沈逸千答应为"上海新世界救济东北难民游艺大会"绘制壁画，并开始致力于组建国难宣传团体。自1933年起，他历任上海美术专科学校国难宣传团团长、上海国难宣传团团长，并率团两度北上进行救亡宣传，甚至还曾远出塞北，争取蒙古王公抗日。1936年，他应邀出任《大公报》特约写生记者，其水墨画形式的旅行写生在该报上连载，深受读者的欢迎。

1937年上半年，沈逸千举办了个人"察绥蒙古写生画展"（"察""绥"为民国时期所建察哈尔、绥远两省之简称），该画展在上海、南京、杭州巡回展出，引起轰动，其作品也得到著名剧作家田汉、阳翰笙和著名画家刘海粟、潘玉良等人的称赞。许多社会名流如于右任、冯玉祥、邵力子、沈恩孚等也纷纷在他的画作上题词、赋诗。该年下半年，抗战全面爆发，沈逸千应邀作为《良友画报》特派记者，奔赴前线采访。1938年，他在武汉被推选为"中华美术界抗敌协会"理事。

此后，沈逸千自组战地写生队，足迹遍及主要正面战场，甚至还曾到过敌后抗日根据地，他用画笔和报道全面且真实地反映了国共合作抗战的情况。在他的作品中，就有毛泽东、朱德、周恩来、邓颖超、贺龙，以及马占山、冯玉祥、李宗仁、卫立煌等国共军政要人画像，其画像生动有神、别具一格，往往得到被画者的签名认可。此外，他还在采访沿途中举办过上百余次战地写生展览。

　　1940 年 2 月和 10 月，沈逸千曾应邀两度赴延安访问，并在著名的鲁迅艺术学院举办过"战地写生队写生画展"。时任抗日军政大学主任教员的艾思奇在观展后，盛赞其写生作品为"中国美术发展的方向"。1942 年，他在广西桂林开办个人画展，也得到了著名作家茅盾、著名画家徐悲鸿的高度赞赏，其作品随即被美国《亚细亚》杂志等众多中外报刊发表，在国际上产生了一定影响力。

　　但可惜的是，沈逸千的爱国主义情怀与进步文艺观点引起了中外反动势力的猜忌和恐惧，1944 年，当他准备出国展览前夕，在四川万县和重庆连遭汉奸特务两次暗杀未遂。逃过两劫的沈逸千依然视死如归，积极投身抗日救亡运动，该年中秋前夜，他在"雾都"重庆神秘"失踪"，时年仅 36 岁，时人普遍认为他很有可能再一次遭到了汉奸特务的暗杀。其传世名作有《神枪手》《鄂尔多斯游牧记》《哈萨克牧羊女》，以及素描《毛泽东画像》等。

沈逸千画作《神枪手》

电讯编码第一人——印有模勤志"文化救国"

近代中国之贫弱在于守旧，守旧在于无知，故改变中国贫弱之状况，首要在兴教育，尔后在办实业。在近代史上，嘉定曾走出过一位跨文化界和实业界的出版业巨子，他就是印有模。

印有模（1863—1915），字锡璋，出生在嘉定娄塘（今嘉定区徐行镇娄塘印家大院），乃名门望族出身，其父印志华在上海经商，开设有日新盛布店。印有模从小随父在布店学习经商，耳濡目染之间也展现了出众的经商才能。不过，印志华并非普通的一介商人，而是一位具有强烈民族关怀的爱国实业家，受其影响，印有模虽书读得不多，但却十分关心时政，从小便萌生了富国强兵、实业救国的思想。清光绪九年（1883），年仅 20 岁的印有模就协助著名商贾盛荔孙的上海纱布总公司，分别在上海市区和嘉定县开设了分公司，取名为"公信纱号"。为了给纱厂就近提供原料，他还向娄塘周边的农村地区提供棉

印有模

籽，鼓励农民种植棉花，此举竟使当地棉纺织业大为发展，也带动娄塘一时再现了当年繁荣市镇的景象。

在这些公司亲身学习经营达十年之久后，印有模终于决定自己办厂。光绪二十年（1894），他与吴麟书、周新伯合作在上海南京路开设了源盛布号，由他自己出任经理。由于其经营得法，企业发展迅速，业务很快就超过了其父创办的日新盛布店。此后，声名大振的印有模在上海商界地位不断提升，最终被推选为上海纱布行业公所所长。为了拓展海外业务、促进企业发展，印有模决定去欧洲和美国考察，出发之前，他专门请人为自己补习中文和英文，以弥补自身文化不足。在美国和欧洲几个主要国家考察期间，印有模眼界大开，经商行为更有了世界眼光。回国后不久，他就连续创办了大有榨油公司、求新铁厂、中英药房、五洲药房、长安水火保险公司、中国实业公司、苏路公司等企业。

印有模不仅是一位有想法和远见的经营者，更是一位走在时代前列、善于动脑筋的企业家。他每时每刻都在观察研究企业的经营状况，思考着企业的前途与命运，在欧美考察时，他注意到国外企业之所以更加发达，关键在于它们具备先进的通信技术和便利的交通。以电报为例，美国很多大企业都有自己行业的专业电码书刊，应用时既省时又省力，而当时中国却还没有。于是，印有模决心创立汉语电报编码系统。1912年，全国工商业会议在北京召开，印有模作为上海工商界代表赴北京参加会议。会上，他把编辑汉语电报编码书的想法及有关倡议递交给其他代表讨论，没想到一下子就得到了与会代表的肯定与赞同。回沪后，印有模立刻动手，聘请了刘景芳、王言编、曲叔怡等许多语言专家和自然科学家，成立了电报编辑社，甚至他还亲自参加电码本的编辑工作。历时整整 3 年，中国历史上第一套汉语电报编码书终告完成。时人称该书"离之则散霞为绮，合之则集腋成裘"，说明该书已获得社会一致好评。

有远大追求的企业家从来不会忽视文化创新的重要性。印有模在商界的成功，使得他进一步加大了对文化事业的投资力度。他在从欧美回国后，就开始出资扶植商务印书馆。商务印书馆是中国第一家现代出版机构，其创办人是夏瑞芳等人。随着商务印书馆业务量的不断扩大，夏瑞芳明显感到资金不足。得知此事后，印有模立即慷慨解囊资助夏瑞芳及其商务印书馆。他还从商业模式角度建议夏瑞芳将商务印书馆改成股份制公司，并向社会招股融资。此建议收到了很好的效果，得到增资的商务印书馆也决定移址扩建，在印有模的出面协调下，新址最终选定在上海福州路北首华美药房旁。

迁址后，印有模一面协助夏瑞芳添置机器设备、联系业务，另一方面四处奔走，为商务印书馆招聘印刷与编译技术人才。不久后，像张元济、蔡元培等出版界与文化界名人纷纷加入，商务印书馆很快形成了能自编、自译和自印的完整发行体系。有一段时期内，商务印书馆因扩张迅速，导致资金周转困难。关键时刻仍是印有模挺身而出，利用其与日商间的良好私人关系，终于找到了借款渠道，帮助商务印书馆转危为安。自此以后，商务印书馆进入了一个良性发展阶段，业务更加兴旺发达，资金财力也日益雄厚。此时的印有模又审时度势，建议夏瑞芳抓紧时机继续扩大商务印书馆的业务范围，在印刷普通图书的同时，应当注意出版发行高质量的教科书，拓展文化教育用品业务。

正当印有模、夏瑞芳自信满满将商务印书馆推向更高发展目标时，一场悲剧从天而降。1914 年，作为商务印书馆总经理的夏瑞芳在发行所门口被军阀头目陈其美派人暗杀了。正在群龙无首之际，张元济等商务印书馆元老提出由印有模继任总经理最为合适。此时，印有模虽然有许多企业需要经营管理，但他又不忍心看着自己一手扶持起来的商务印书馆土崩瓦解、毁于一

1903 年时的商务印书馆

旦。经过认真思考，他最终接受了董事会推举，成了商务印书馆第二任总经理。1915 年，中国人民掀起了抵制日货的爱国主义运动，印有模立即率企业积极响应，主动解聘了商务印书馆内的全部日籍专家，此举虽然导致出版业务大受影响，但却得到了企业内外的肯定与支持。在印有模的苦心经营下，商务印书馆逐渐发展成为当时规模巨大、设备先进、在国内外享有盛名的偌大企业，而且还编印出版了像《辞源》这样的大型工具书，为我国传统文化保护和传承立下了汗马功劳。

1915 年初版《辞源》

但是可惜的是，由于管理企业越来越多，印有模又从不肯马虎经营，因而事务日益繁重，操劳逐日累积，最终导致他神经衰弱，常常彻夜难眠。1915 年下半年，他终于病倒了，当时国内医生和亲友都极力劝他到医疗水平较高的日本去治疗。该年 11 月，他独自一人乘船前去日本治病，未曾想到岸下舷梯之时突发中风，被人送去日本当地医院后，终因病情严重而客逝异邦，享年仅 52 岁。[1]

[1] 葛秋栋：《钟灵毓秀——嘉定近现代名人》，上海文化出版社 2011 年版，第 58 页至第 62 页。

中国味精之父：吴蕴初与"天"字号传奇

嘉定在中国近代史上曾涌现出许多爱国实业家，其中有一位叫吴蕴初，他是中国近代著名的化工专家，也是中国氯碱工业的创始人。吴蕴初（1891—1953），字葆元，出生于嘉定县城（今嘉定城区西大街），10岁进入当地学堂学习，后考入上海广方言馆学习外语，但持续学业仅一年，便因家境贫寒，被迫辍学归乡，在嘉定第一小学当英文教师养家糊口。不甘心碌碌于平庸生活的吴蕴初一边教书，一边自学进修，终于在15岁时考入清廷陆军部在上海开办的兵工学堂，并以半工半读的形式完成了化学专业的学业。在学习期间，他以刻苦好学的精神，得到了德籍指导教师杜博的赏识。

吴蕴初

1911年毕业后，吴蕴初先到上海制造局实习了一年，此后便回到上海兵工学堂当助教，并在杜博所办的上海化验室从事化验工作。1913 年，在杜博举荐下，他前往湖北汉阳铁厂担任化验师。勤奋的吴蕴初在该厂成功试制了矽砖和锰砖等耐火砖，旋被升任汉阳铁厂附属砖厂厂长。不久后，湖北汉阳兵工厂又将他聘为理化课和炸药制药课课长。此时正值第一次世界大战爆发，世界市场上的许多化工原料短缺，当时有一家民营企业——燮昌火柴厂，决定在湖北汉口筹办氯酸钾公司，便聘请吴蕴初为工程师兼厂长，并利用汉阳兵工厂的废料，以电解法生产氯酸钾。这段时期在各大工厂担任技术开发及管理工作的经历，为吴蕴初之后独自办厂并研发各种化学产品提供了极其宝贵的实践经验。

1920 年，吴蕴初从湖北回到上海，与他人合办了"炽昌新牛皮胶厂"，并亲自担任厂长。在此期间，有日商在上海倾销"味の素"，引起了他的注意。当时上海滩十里洋场到处充斥外国商品，作为新型调味品出现的日本"味の素"很快便占据了许多中国家庭的餐桌一角。小小一瓶"味の素"，何以能使普通清汤散发出迷人的香鲜之味？其中奥妙究竟在哪里呢？吴蕴初怀着中国人何以不能自己制造的感叹，以及对"味の素"化学

天厨味精广告

成分构成的好奇，便买了一瓶回去仔细分析研究，最终发现所谓"味の素"就是化学合成品——谷氨酸钠，早在 1866 年德国人就已从植物蛋白质中提炼出来了。于是，脾气倔强、精明强干的吴蕴初就在自家亭子间里着手试制。

当时吴蕴初手头没有现成资料，只能四处搜集，并托人在国外寻找文献资料；没有实验设备，他就拿出"炽昌新牛皮胶厂"支付给他的厂长工资，购置了一些简单的化学实验和分析设备。凭着其在上海兵工学堂学得的化学知识，以及走南闯北试制耐火砖、火柴、牛皮胶等积累的化学实践经验，吴蕴初很快认识到从蛋白质中提炼谷氨酸钠，关键在于其水解过程。他白天上班，夜间埋头做实验，人手不够，就拉着自己夫人吴戴仪做助手，通宵达旦试制谷氨酸钠。经过一年多的试验，他终于制成了几十克成品，并找到了廉价的批量生产方法。

1921 年初，吴蕴初结识了张崇新酱园老板、前清举人张逸云。张逸云愿意出资 5 000 元，由吴蕴初出技术合伙试办谷氨酸钠制造工厂。首批产品问世后，吴蕴初特地将其命名为"味精"，取意"风味之精华"，为了宣传其珍奇美味来自天上庖厨，他又把"味精"冠之以"天厨"名号。吴蕴初、张逸云等人打出"天厨味精，完全国货"的大旗，以味美、价廉、国货等名义，一下子打开了销路，逐渐占据了上海乃至整个国内市场。1923 年，上海天厨味精厂正式成立，当年产量即达 3 000 吨，获得了北洋政府农商部颁发的发明奖。"天厨味精"行销后，与日本"味の素"展开了激烈竞争，在全国人民抵制日货运动的影响下，国货销路日广，尤其在南洋一带爱国华侨中大受欢迎。1926年至1927年间，"天厨味精"又相继取得了英、法等国给予的产品出口专利保护权，由此开启了中国轻化工产品获得国际专利的先河，吴蕴初也因此成为闻名遐迩的"味精大王"。

但是，"天厨味精"的原料在当时国内还不能自给自足，特别是提炼制作所必需的盐酸基本依赖日本进口。对此，吴蕴初心有不甘也是为防患于未然，便产生了自己生产盐酸的念头。1928年，他获悉法国商人在越南海防开办的"远东化学公司"因经营不善，正在出售资产，便亲赴越南考察，以低价购得了该公司全部设备，并在此基础上，于1929年10月成立了"天原电化厂股份有限公司"，并担任该公司总经理。当时的南京国民政府实业部长孔祥熙还特地出席公司开张典礼，并称赞吴蕴初"独创此厂，开中国电化工业之新纪元"。至1937年，该公司烧碱日产量已达10吨，资产逾百万元，成为我国实力雄厚的少数厂家之一。

1932年，精明的吴蕴初又了解到美国杜邦公司的合成氨试验工厂停业，有一套设备待售，便斥资购得设备，并在"天原电化厂"附近建立了"天利氮气厂"。该厂用"天原电化厂"电解车间释放的氢气制作合成氨，部分合成氨再制成了硝

天厨味精厂佛手牌味精广告

酸，它也成为我国生产合成氨及硝酸的第一家工厂。1934 年，吴蕴城又在上海龙华镇（今徐汇区龙华路）建成"天盛陶器厂"，该厂专门制作并提供"天厨""天原"诸厂所需的耐酸陶管、瓷板、陶质阀门等。至此，"天厨""天原""天利""天盛"四个轻重化工企业终于共同构成了一个自成体系、实力雄厚的"天"字号化工集团，在我国近现代化学工业史上书写了灿烂篇章。[1]

全面抗战爆发后，为保存民族工业，吴蕴初积极组织工厂内迁，并于 1939 年建成了"香港天厨味精厂"、重庆"天原化工厂"及重庆"天厨味精厂"；于 1943 年，又建成了"天原电化厂宜宾分厂"。抗战胜利后，吴蕴初回到上海，收回了"天原""天利"两厂，并接收了日军占领上海期间在浦东建成的一个小型氯碱厂，作为"天原"被严重破坏的赔偿（该厂后来改造为"天原电化厂浦东分厂"）。1947 年，"天原"恢复生产，并于 1949 年初恢复到日产 10 吨烧碱的水平。

[1] 中国民主建国会：《"味精大王"吴蕴初》，《团结报》，2014 年 10 月 9 日。

美国总统特使威尔基参观天厨重庆工厂

一直以来，吴蕴初坚持实业救国，他在国民党统治时期曾多次接受委托，参与南京国民政府筹建若干电化厂的实业计划。20世纪二三十年代，他还大力支持各类自然科学学会活动，资助出身贫寒但学业优秀的学生上大学，并将其中的有志者进一步培养成高级科技人才，这些行动为我国化学工业的起步和发展做出了卓越贡献。作为爱国实业家，吴蕴初还和中国共产

1933年是中国航空救国年，天厨味精厂以一己之力向国家捐赠了一架12万元的霍克型战机

党主要领导人保持着良好的朋友关系。1945年，他作为"国民参政员"与周恩来等人在重庆交往密切，甚至在毛泽东赴重庆谈判时，挺身而出，担当保人，并与王若飞等共同签名发送请帖。王若飞对他说："中国经济建设的发展，需要吴先生这样的实业家振兴工业。"这番话给吴蕴初留下了深刻印象。同年9月，本着"取之于社会，应用之于社会"的意愿，吴蕴初决定成立"蕴初资产管理委员会"（后更名为"吴蕴初公益基金委员会"），自任主任委员，将其数十年来投资化工事业的"天字号"股票全部拿出，由该基金会统一保管，用来支持教育文化等各类公益事业。[1]

新中国成立后，1949年10月，吴蕴初在爱国情怀感召下，从海外回到祖国，周恩来亲自接见并设宴招待。一见面，周恩来就高兴地说："味精大王回来了，欢迎！欢迎！"

吴蕴初先生塑像

---

[1] 燕客卿：《吴蕴初：民国"裸捐"第一人》，《公益时报》，2015年3月17日。

他还鼓励吴蕴初道："中国化学工业将会有很大发展，希望吴先生能为化工事业继续努力。"该年 11 月，吴蕴初返回上海，受到"天原电化厂"全体职工热烈欢迎。此后，他历任华东军政委员会委员、上海市人民政府委员、上海市工商联监察委员会副主任委员、中国民主建国会中央委员及上海分会副主任委员、化学原料工业同业公会主任委员等职务。他与中国共产党密切合作，积极努力发展新中国化学工业。1952 年，夫人吴戴仪病故，令吴蕴初悲痛万分，再加上积劳成疾，遂被送入医院治疗。1953 年 10 月，吴蕴初在上海病逝，终年 62 岁。

胡厥文：从"实业救国"到"民主建国"

嘉定历史上曾出过一位赫赫有名的爱国民主人士，他既是一位杰出的实业家，也是一位叱咤风云的政治活动家，他的一生见证了中国由晚清步入"中华民国"、由"中华民国"步入中华人民共和国的整个历史发展进程，他就是嘉定人胡厥文。

胡厥文（1895—1989），又名胡保祥，出生于嘉定县城（今嘉定城区城中路附近），出身名门望族，其父胡雪帆乃当地士绅，行事磊落、思想开明，时值新学既起，即令其子弃举业而习工科有用之学。在其教导下，胡厥文于1914年考入北京高等工业专门学校。在京学习期间，恰逢袁世凯称帝至张勋复辟这一段乱世岁月，军阀横行，皆欲结外援以张声势，以日本帝国主义为代表的西方列强趁机通过扶

胡厥文

持各色军阀抢占地盘，为自身攫取各种非法特权，进一步导致中国国家主权沦丧，社会积弱积贫。耳闻目染之下，胡厥文逐渐树立了"实业救国"的理想信念。他认为，只有通过办实业，发展工业，生产各种用品满足人民需要，国家才可能摆脱贫困、走向富裕；国家富裕了，就可以制造飞机、大炮，武装军队，将帝国主义驱逐出中国，最终实现国家强大，进而使中国人在国际舞台上重新扬眉吐气。

1918 年毕业后，胡厥文经人介绍，进入了当时国内最大的工厂——湖北汉阳铁厂，他虽自幼家境殷实，但却未沾傲娇之气，在工厂中从学徒工做起，开始了对"实业救国"道路的起步摸索。在掌握一定经验后，胡厥文在 1921 年创办了自己的第一家工厂——新民机器厂，主要业务是生产纱厂机器零件和承接纱厂机器的维修，不久后又转向生产彩色油墨机。在开办和发展新民机器厂的过程中，他又先后建立起四家工厂，并不断开拓出一条机器重工业与日用品轻工业结合发展的新路。1927 年，上海机器制造业同业集会，成立了上海商民协会机器同业公会，年轻有为的胡厥文被推选为同业公会主任委员。在主持同业公会的十年时间里，他以公正无私之精神为同业公会服务，赢得了同行们的交口称誉，在这里，他也找到了难得机会，将"实业救国"之理想进一步从自营工厂活动范围，提升到了整个上海工商界更广阔的发展天地中。

然而，正当胡厥文准备施展"实业救国"抱负时，日本人对上海入侵却突然开始了。1932 年"一二八"淞沪抗战爆发，十九路军在全国人民爱国热情的推动下奋起抵抗。为支持十九路军抗战，胡厥文积极团结公会同行，组织动员几十家企业拆迁机器至沪南地区建立临时工厂。他曾说："我虽不会打枪开炮，却可以造枪炮。"他们日夜赶制手榴弹、炮弹、地雷、水雷等武器，不断驰援前线作战。胡厥文为支持抗战日夜奔波，竟连胡须也无暇剃除，后来便索性留起了胡子以此铭记国难，并下定决心——如不把日军驱逐出中国就决不剃须，时人遂称之为"抗日胡子"。

日本撤退后，上海又迎来了一段时间的和平期，胡厥文的轻、重工业工厂均得到了比较好的发展。但好景不长，1937 年全国抗战爆发，上海形势再一次紧张起来。胡厥文深知沿海地区工业和工厂关系着全国抗战大局，这些机器设备若用于抗战则能增强杀敌实力，若毁于战火势则必将削弱抗战的经济力量，更严重的是，一旦落入敌手，其后果更是不堪设想。抱定这一想法后，以胡厥文为代表的上海机器五金业者迅速前往南京请愿，向南京国民政府明确表态，上海机器厂家皆自愿将机器迁移往内地，以保证军事制造的需要。国民政府在各方舆论的压力下，遂决定着手组织工厂内迁。1937 年 8 月，"上海工厂迁移监督委员会"成立，并立即召集上海的五金、机械、化学、冶炼、橡胶等厂方代表开会讨论办法，责令克日组织上海工厂联合迁移委员会，在监委会指导及监督下进行工作。为响应政府号召，以上海机器五金业者为主的"上海工厂联合迁移委员会"宣告成立，由上海机器厂的颜耀秋任主任，新民机器厂的胡厥文和新中工程公司的支秉源任副主任。

在胡厥文和其他爱国实业家的共同努力下，终于在此后的一年多时间里，陆续将包括机械、造船、纺织、炼钢、化工等行业的 146 家工厂，1.48 万吨物资和 2 500 多名技术人员和工人迁到了重庆大后方。这些内迁的上海民营工厂不仅规模大、数量多，而且技术水平较高，因而成了抗战时期大后方工业的中坚力量。在 1939 年后，大后方民营工厂大多以生产抗战所需的军用产品为主。根据相关资料统计，这些工厂每月可制造手榴弹 30 万颗，迫击炮弹 7 万枚，各式炮弹、炸弹引信 7 万枚，飞机炸弹 6000 多枚，机枪零件 1000 多套、地雷引信 1000 多个、小圆锹 30 万把，大小十字镐 20 万把，军用纽扣 500 万个，以及各种陆军测量仪器、军用炮表、子弹机等，这些产品有力地支援了中华民族抗日战争，受到社会舆论的高度赞扬，有人将这些工厂誉为"大后方工业生产之洪流"。[1]

1939 年 11 月，一批中国共产党人前来拜访胡厥文及其工

---

[1] 叶介甫：《胡厥文：留髯以记国难》，《北京晚报》，2017 年 7 月 19 日。

厂。在这些人中有周恩来、董必武、邓颖超等，他们参观了胡厥文在重庆开办的"合作五金厂"。参观期间，周恩来等人了解到该厂其实正在生产炸弹弹尾、引信和掷榴弹等军用产品，这些产品将源源不断地输送给抗战前线部队。对此，周恩来对胡厥文大加赞赏，并欣然为其工厂题词"供给前方的生产，是国防工业第一要义"。1942年1月，迁川工厂联合会在重庆举办了一次迁川工厂出品展览会，参加展览会的有230个单位、97家工厂，共展出了49类产品。当时，太平洋战争已经爆发，西南国际交通线已受到严重威胁，工业资源进口困难，机器来源更成问题，内迁工厂地位更显得重要，当然它们的处境也更加困难。在这种背景下，以胡厥文为代表的爱国企业家及其迁川工厂仍然决定组织并参与此次展览会，这大大提振了大后方军民抗战到底的决心与士气。

在整个抗战期间，胡厥文对毛泽东、周恩来、董必武、王若飞等中国共产党领导人留下了深刻印象。1944年底，周恩来和王若飞出面邀请重庆企业家参加座谈会，胡厥文、刘鸿生、胡子昂等40多人应邀出席。在会上，周恩来强调企业家应当为国家多做贡献。会后，周恩来特意前往沙坪坝土湾胡厥文家中探望，送上了来自延安的小米和红枣，并勉励他继续发扬爱国精神，发展工业以支持抗战。对此，胡厥文曾回忆道："我有幸同周恩来几次恳谈，听他对国内形势的透辟分析，不觉耳

1960 年 4 月，周总理与胡厥文握手

目一新。"

抗战胜利后，胡厥文原以为爱国工商业者在抗战中为军需及民用生产和供给做出巨大贡献和牺牲，必然会得到国民政府的补偿与援助。但事与愿违，国民政府不但没有"论功行赏"，脆弱的民族工业更是在国民党官僚买办资本的排挤和压迫下走向了凋敝和死亡。由此，胡厥文深深感到了国民党统治的专制和腐败，为了与其做斗争，1945 年 12 月 16 日，"中国民主建国会"举行成立大会，胡厥文正是主要发起人之一。他为筹备成立"中国民主建国会"做了大量的工作，他的家更是成了发起者们商量对策、召开会议的主要地点。由单纯的"实业救国"理想，走向更深层的"民主建国"主张，对自己的思想转变历程，胡厥文曾坦言道："多年来，我埋头工业，发展生产，不愿过问政治，想回避政治，现在看来，政治是回避不了的，你不过问它，它却要不断来过问你。再说，政治问题不解决，经济问题就难以彻底解决和根本解决！"

新中国成立后，胡厥文怀着"新国光芒千万丈"的喜悦心情，立刻投身社会主义建设。1956年初，对资本主义工商业的社会主义改造出现了新高潮，在胡厥文等人的大力推动下，上海仅用了六天时间，就实现了数百个行业的公私合营。同年8月，上海市政协组织西北建设事业参观团赴兰州、西安、郑州、洛阳等地参观，实地了解第一个五年计划的成就。胡厥文乃参观团成员之一，回沪后他感慨万千地说道："这次西北之行，给我莫大的鼓舞，这些新的建设规模之大、进展之速、技术之精，都十倍、百倍地超过我原来的设想，贫穷与落后已成为过去。回想当时讨论第一个五年计划还是纸上的，而这一次的参观都见诸事实，展望无穷，异常兴奋，共产党的领导正确，功高千古盖可见也。"

作为"中国民主建国会"的主要领导人之一，胡厥文在与中国共产党的长期合作中，真诚地做到了肝胆相照、荣辱与共、知无不言、言无不尽。改革开放后，1982年和1983年，他曾分别对中共的统战工作和党内整风工作提出意见与建议，受到了中共中央的高度评价。当然，党和国家也给了这位党外"净友"极高荣誉，胡厥文曾任上海市政协副主席和副市长、全国人大常委会副委员长、全国政协常务委员、中华全国工商业联合会常务委员等。1989年4月，胡厥文因病医治无效在北京逝世，享年94岁。胡厥文一生光明磊落、作风正派，不仅是一个不折不扣的爱国工商业者，更是一个有理想、有追求、有情怀的杰出政治活动家，他对社会主义道路的认同和选择，以及对中国共产党的信任和追随，恰恰体现了一个真理——中国的富国强民之路只有社会主义道路，只有中国共产党才是中国走社会主义道路的领路人。

胡厥文题写的秋霞圃匾额

女杰陈君起：嘉定第一位共产党员

近代以来，嘉定地区有着许多醒目的红色记忆和光荣的革命传统，是上海红色文化资源的重要组成部分。嘉定是上海地区较早出现中国共产党组织的地方之一，而且它的第一位共产党员竟是一名女性，"巾帼不让须眉"，这在全国范围内都是比较少见的。这位女性中共党员叫作陈君起，在那段新旧社会变革改天换地的激荡岁月中，她确实有着极不平凡的人生经历和革命事迹。

陈君起（1885—1927），原名陈墨云，又名陈振，出生于嘉定南翔的"陈太史府"，可谓"书香门第，官宦之后"。她的父亲叫陈枏（nán），字守拙，号巽倩，嘉定南翔人，清光绪十九年（1893）考中举人，光绪二十一年（1895）

陈君起

高中进士，朝考钦点为翰林院庶吉士，授翰林院编修。陈枏常年居住在京城，她的夫人和两个女儿则居住在南翔镇"陈家花园",陈君起为小女儿,其姊名陈竹梅。"陈家花园"在南翔万安寺桥西北,当地人因陈枏出仕翰林而敬称之为"太史府"。光绪二十六年(1900),八国联军攻占北京,陈枏被迫归乡避难,此后再未回京。

陈枏思想尚属开明,两个女儿均入私塾,学习新学,但像这样的封建大家族,一时间还很难完全摆脱旧思想和旧伦理的束缚。在为陈君起择婿问题上,陈枏与女儿发生了激烈冲突,陈君起遂离家出走,从此再未与父亲有过往来。这段风波彻底将陈君起推向了中国现代女性早期的独立之路。性格倔强的陈君起逃到了上海,并在光绪三十年(1904)进入了上海务本女塾(今上海市第二中学),后改名为陈振,开始了新生活。

在女塾学习过程中,陈君起结识了同学曾琮,且得到了曾家照顾,又经曾琮介绍认识了其兄曾科进,并最终同他喜结连理。婚后,陈君起为曾家育有一子一女(后女儿夭折)。满心期待过上幸福甜蜜婚姻生活的陈君起,并没有迎来理想中的生活状态,其夫所在的曾家和她自己出生的陈家一样,都是一个传统的封建大家族,那些吃人的礼教标准和家族中无处不在的明争暗斗,经常让陈君起倍感身疲心累。在女儿夭折、婆婆虐待、丈夫冷落的多重打击下,陈君起第二次选择离家出走。和上次不同的是,陈君起这一次出走还带了三个孩子，其中一个是她的亲生儿子曾鼎乾，另外两个女儿一个叫曾谦、一个叫曾丽，都是其夫曾科进同家中丫鬟所生。在婆婆的步步逼迫下，陈君起心生怜意，便把她们也带离了曾家。

为抚养三个子女，意志坚强的陈君起出走南京，去了一所小学教书。一家四口就靠着陈君起的薪水，紧紧巴巴地将就度日。陈君起虽为富家出身，但却很懂勤俭持家。为了维持家庭开支，陈君起白天教书，夜晚替人织毛巾，昼夜操劳。尽管经济拮据，但陈君起从不耽误儿女学业，尤其对亲生儿子曾鼎乾，她从不娇惯，不仅在功课上严格要求，更在做人上言传身教。陈君起不仅是一位劳动女性，也是一位知识女性，养家之余，她对国家大事也很留心。无论家中经济再如何困难，陈君起必定会订阅一份《申报》，并在三个子女做完功课后，为他们讲读报上的爱国新闻。[1]

五四运动期间，陈君起结识了南京高等师范学校的谢远定、宛希俨等人，而这些人又同湖北同乡恽代英关系密切，并在恽代英影响下积极参加进步社团，阅读有关俄国十月革命和马克思主义的革命书籍。在谢远定、宛希俨等人影响下，陈君起开始研读马列主义理论经典与《新青年》《每周评论》

[1] 孙月红：《陈君起：逃出南翔太史府的女革命家》，《新民晚报》，2016年4月6日。

等进步报刊，并于 1923 年加入了社会主义青年团。同年，中共南京地委决定贯彻党的"三大"制定的国共合作方针，要求南京全体共产党员、青年团员都以个人名义加入了国民党，陈君起遂又加入中国国民党。

在中共南京地委的支持下，陈君起和其他好友开始着手筹建南京妇女问题研究会。1924 年 5 月，在南京北极阁正式成立了南京妇女问题研究会，会员 30 人，陈君起任该会负责人。她与同志们一起调查研究中国妇女受压迫的原因、辛亥革命以来中国妇女运动的情况，以及今后妇女运动的方向等，并向广大妇女宣传反帝反封建主张，发动妇女们踊跃参加争取自由民主的运动。这段时期，陈君起的家成了南京妇女问题研究会的活动场所。1924 年 8 月，追求进步的陈君起正式加入了中国共产党，她的家从此又成为南京中共党员活动的一个重要通信联络站。

1925 年，上海五卅惨案的消息传到南京，青年学生群情沸腾，南京党组织召开紧急会议，决定广泛发动群众，声援上海人民的斗争。6 月 3 日上午，陈君起出席东南大学、志成中学、南京妇女问题研究会等 48 个团体发起的五卅运动大会。6 月 4 日，南京各界 3 万余人举行了联合大游行，陈君起发表了重要演讲，并参加了游行活动。1925 年秋，陈君起被推选为共青团南京地委妇女委员兼第三支部书记。

话剧《墨云惊鸿》回顾了陈君起的短暂一生

1926 年 3 月 12 日，陈君起参加孙中山陵墓奠基典礼，遭国民党右派雇用的流氓袭击而受伤，但仍与张应春等人护卫柳亚子脱险。同年 10 月，陈君起遭军阀孙传芳逮捕，关押三个月，经中共营救而出狱，调江西南昌国民革命军第三军

上海五卅惨案现场

工作。不久，又转赴汉口就职。

　　1927 年 4 月初，陈君起被调回南京，任中共南京地委妇女委员兼国民党南京市党部妇女部长。组织广大妇女参加南京人民打倒孙传芳、光复南京庆祝活动，并组织抗议英、美帝国主义军舰炮击南京。4 月 9 日，陈君起率领广大妇女，与南京人民共赴国民革命军总司令部向蒋介石请愿，要求严惩捣毁国民党南京市党部等机构的凶手，当晚又参加了各团体紧急会议，决定于次日召开南京市民肃清反革命派大会。4月 10 日，肃清反革命派大会召开，到会群众约 10 万人，会后举行示威游行，并再去总司令部请愿，遭南京市公安局局长温建刚等事先布置的数百名流氓殴打。4 月 11 日凌晨 2 时，陈君起同谢文锦、侯绍裘等 10 人在大沙帽巷 10 号开会时，

陈君起纪念馆

陈君起被捕地点——南京大沙帽巷 10 号

被蒋介石派人抓捕。

陈君起等人在狱中备受酷刑，但始终不肯屈服就范，最后于 4 月 14 日夜被国民党反动派用乱刀戳死，装入麻袋后投入秦淮河。陈君起壮烈牺牲时，年仅 42 岁。其子曾鼎乾按照母亲遗言"珍惜时间""用功读书""将来成为一个对国家有用的人"，在艰苦的岁月里锻炼成长，于 1936 年考入北京大学地质系，毕业后被推荐进入"中央地质调查所"，成为我国著名的石油地质及古生物专家。新中国成立后，他于 1956 年加入中国共产党，一生为我国海洋石油勘探事业做出了杰出贡献。

红色记忆：娄塘"江抗"与外冈游击队

在十四年烽火连天的抗战岁月中，嘉定人富有的刚毅威猛、忠义不屈的文化性格与精神气质被重新激发起来。在保家卫国的情感驱动下，嘉定人不约而同地组织起了多支抗日游击队伍，他们打击日伪，振奋嘉定民众抗日情绪，并与新四军及江南人民抗日义勇军等部队相互配合，最终赢来了抗日战争的胜利。这些抗日故事构成了嘉定近代史上一段可歌可泣的光辉篇章，也成了上海红色文化的深层基因。这里，就来讲一讲"江抗嘉定青年抗日救亡团"（简称"江抗娄塘游击队"）和嘉定外冈游击队的红色故事。

娄塘在嘉定区西北部，以娄塘河流经而得名。明永乐年间（1403—1426），里人王璇创市，以花布贸易为主。清宣统元年（1909）建娄塘乡。1930年，改称娄塘镇。1949年，改称娄塘区，属苏南行政区松江专区嘉定县。1956年，撤区为乡。1958年，成立娄塘人民公社。1983年，改为娄塘乡。1986年，撤乡建镇。2002年，与朱桥镇合并成立新的娄塘镇。2003年，撤镇并入嘉定工业区北区。

　　近代以来，由于娄塘地处上海西北门户外缘，因而为外敌入寇淞沪首冲之地。早在 1932 年"一二八"淞沪战役期间，娄塘就已遭到日本帝国主义军队的短暂侵入。1932 年 1 月 28 日，侵华日军悍然向驻守上海闸北地区的国民革命军第十九路军发动武装攻击，十九路军奋起抵抗。2 月初，战火烧至江湾、吴淞一带。十九路军苦苦抵抗，给日军造成重大杀伤。2 月中下旬，日军汲取了正面进攻失利的教训，决定从翼侧浏河登陆，两面夹击淞沪守军。3 月 1 日晨，日军发起全线攻击，并派十余架战机穿梭轰炸嘉定城区、南翔、娄塘等地。3 月 2 日，十九路军奉命撤退，经过娄塘时，敌机尾随而至，四处投掷炸弹，娄塘镇中建筑受损严重。翌日，日军自浏河口登陆，一路侵占娄塘、娄南、娄西、顾泾、陆渡等地，沿途杀人放火，直至 3 月 8 日方才开始撤走。

　　1937 年，"七七卢沟桥"事变后，8 月 13 日，日军在

1932 年 3 月初，日军占领娄塘

上海炮轰闸北一带，又一次发动侵略战争，"八一三"淞沪抗战爆发。由于国民党军队并未在上海外围认真布防，日军在淞沪一带偷袭登陆得手，并迅速由宝山、罗店直逼嘉定。侵占嘉定后，日军为强化统治，收买地方地痞流氓，成立所谓"维持会"，并组织汉奸武装，为虎作伥。在如此情形下，嘉定人民并没有被日寇的凶残所吓倒，一群爱国青年毅然投身反抗，在娄塘开展起抗日救亡活动，并伺机组织武装，誓要将日寇赶出家园。王波、谭继诚正是这些爱国青年中的佼佼者。

谭继诚

谭继诚，1921 年 11 月出生于嘉定娄塘，1939 年初加入中国共产党。中国进入全面抗战后，1939 年春，在上海中法工学院学习的谭继诚，根据党组织决定回乡开展抗日救亡工作。回到娄塘后，他以"青年读书会"的名义，联系了爱国青年谢士元、罗宏进、沈斌全等人，以及失业回乡教师王波等 10 余人，秘密建立了"嘉定青年抗日救亡团"武装组织。

王波

　　王波，1908 年出生于嘉定娄塘；13 岁毕业于嘉定县立第三高等小学，后去广福村（今归属宝山区顾村镇）当酱油店学徒；19 岁起，在上海闸北永兴酱园当店员，晚上进补习学校读书；24 岁，入上海东亚体育专科学校，毕业后历任福建省云霄县中学、安徽省和县中学体育教师。1937 年，王波在安徽和县投身抗日救亡运动，参加战地服务队，支援前线。1938 年 10 月，和县沦陷，王波被迫返回故里，并参加了"青年读书会"，继续阅读进步书籍，广交志同道合者以图救亡。由于王波熟悉军事知识和射击技术，大家便公推王波任抗日救亡团大队长，谭继诚任副大队长。谭继诚还商请当地士绅，以保卫娄塘安全为名，向镇警察局借了 10 余支步枪，开始进行军事训练等活动。

　　不久后，新四军东进纵队到达无锡，积极团结江南地区

"江抗"部队东进前留影

抗日武装，组成江南抗日义勇军（简称"江抗"）。1939年6月初，"江抗"三路到达太仓附近，谭继诚亲自前往接通关系，原由娄塘爱国青年自发组织起来的武装组织，由此被正式更名为"江抗嘉定青年抗日救亡团"，这也就是俗称的"江抗娄塘游击队"。游击队仍由王波任大队长，谭继诚任副大队长，陈昆寿、王秋臣任排长，"江抗"三路司令员何克希又派政工大队长王英华兼任政治教导员。

王英华到达娄塘地区后，进一步扩大武装队伍并组织军事训练。此时，除娄塘镇上青年陆续报名参加外，尚有许多来自嘉定城区的爱国青年纷纷参加。为此，游击队特地建立了嘉定地区联络小组，由徐鸣歧负责。游击队常驻在娄西村的牛郎庙、彭家村一带，并在娄塘镇及嘉定城区西门外多处设立联络点，由此建立起嘉定城区与娄塘地区的情报联络工作。

娄塘游击队经常在夜间于嘉定城区及其西北各镇，张贴"江抗"布告和抗日宣传标语，并在娄塘等地夜袭巡逻或驻城日伪军，以及割断日伪军用电线、焚烧公路桥梁等。除此以外，在1939年8月初"江抗"袭击上海虹桥机场的战斗中，娄塘游击队还承担了筹粮、筹草等工作，与主力部队协力痛击了日伪军。但当"江抗"主力向西转移后，嘉定地区日伪军势力逐渐得到增强，娄塘游击队的处境变得十分困难。

1939 年 8 月 17 日，王波与谭继诚西去向"江抗"领导请示工作。归途中，王波不慎扭伤脚踝骨，不得不回家过宿。没想到听闻风声的伪军汉奸部队突然前来搜捕，游击队员赵福元在危急时刻想要背王波一同转移，但王波恐连累同志，断然拒绝，随即将娄塘游击队队员名单交托赵福元，命他赶快转移。最终，王波因躲避不及而被伪军逮捕，并将其劫持至大井塘附近残忍杀害。王波就义时，年仅 31 岁。

此后，娄塘游击队在谭继诚等领导下，继续坚持到了抗战胜利。抗战结束后，谭继诚又历任新四军第 1 师教导团 3 营政委、华东野战军七纵、十纵、十一纵团参谋长、华中指挥部作战教育科科长、十兵团后勤部司令部参谋长等职务，并全程参加了解放战争。1955 年，谭继诚被授予二级解放勋章；1988 年，又被授予独立功勋荣誉章。2008 年 6 月，他在上海逝世，享年 87 岁。

在"江抗娄塘游击队"积极抗日的同时，嘉定地区还活跃着另外一支抗日武装力量——外冈游击队。外冈也在嘉定区西北部，因有古冈身遗迹而得名。1949 年 10 月，成立嘉定县外冈区。1957 年，撤区称外冈乡。1958 年，成立外冈人民公社。1983 年，复称外冈乡。1993 年，撤乡建镇。2000 年，与望新镇合并，建立新的外冈镇并延续至今。

1937 年 11 月，嘉定全境沦陷后，外冈地区西杨甸乡中

娄塘游击队纪念碑

共党员吕炳奎，以及陆铁华、钱文亮等爱国青年积极组织抗日群众武装，并建立起卫家角七村的抗日联队。1938年5月，国民党沪海区游击副指挥邓敬烈以抗日为名，收编地方武装，将这支队伍编为淞沪游击总队第八梯队第一中队（即外冈游击队，由于处在国共合作期间，为了保存实力，部队仍然接受国民党军队番号），吕炳奎任中队长，钱信来任中队副兼教练官。中队下设3个班，共48人。

不久后，队员陆铁华通过南翔一中共党员吴锡之，与中共江苏省委取得联系。1938年8月，中共江苏省委决定派邱生凡前往外冈游击队工作，并陆续从上海派了一批党员、工人、学生及失业青年参加到这支部队。至1938年底，游击队已发展到近80人。1939年4月，邓敬烈投敌，并试图威逼吕炳奎就范。吕炳奎在党组织指导下，紧急召集坚持抗日的官兵和当地群众在卫家角公开声讨邓敬烈罪行，并将部

外冈游击队部分队员和亲属合影留念

队整编为 1 个中队部，下设 4 个分队，每个分队又设 4 个班。此后，党组织又陆续从上海、嘉定等地动员了多批人员前来充实部队，游击队规模一下子发展到 400 多人。

1939 年 7 月 5 日，外冈游击队 70 余人在长泾村遭到投敌伪军邓敬烈等部袭击。游击队在吕炳奎指挥下突围而出，于 7 月 6 日转移至青浦重固附近，并与"江抗"三路及青浦

外冈游击队纪念馆

游击队实现会合。外冈游击队在"江抗"主力部队帮助下进行了整训。7月21日,"江抗"总指挥叶飞率领部队到达嘉定地区,要求外冈游击队迅速回乡配合行动。8月3日,"江抗"与外冈游击队在徐行地区八字桥附近与日伪军展开激战,最终击毙击伤日伪军21人。1939年8月中旬,叶飞的"江抗"二路和何克希的"江抗"三路相继离开青浦西撤至嘉定,外冈游击队由此被改编为"江抗"三路三支队,吕炳奎任支队长。

1939年底,外冈游击队因斗争形势需要辗转到浙东三北地区,成了浙东纵队的一部分,为后来浙东抗日根据地的建立发挥了积极作用,并在此坚持到了抗战胜利。

"孤胆英雄" 盛慕莱与上海地下斗争

你是否看过 1961 年由上海海燕电影制片厂拍摄上映的红色经典电影《51 号兵站》？这部影片讲述了抗日战争时期，中国共产党地下党组织运送军需物资支援苏中根据地的故事。电影里的男一号叫作梁洪，外号"小老大"，他有胆有谋，千方百计突破敌伪封锁，开辟了新四军地下交通线，并且成功运送急需物资支援了新四军的抗战行动。这个角色并不是杜撰的，而是改编自真实的历史故事，主人公就是上海地下工作者、革

《51 号兵站》中梁波罗饰演的"小老大"梁洪

盛慕莱

命烈士盛慕莱。

盛慕莱（1908—1949），原名盛毓，出生于嘉定黄渡（今安亭镇黄渡社区），少时就读于黄波渡小学、江苏省立第二师范分校（后改名为黄渡乡村师范学校）。毕业后，从事小学教育，曾任黄渡镇中心国民学校校长。27岁时，成为黄渡镇镇长，对地方建设多有建树，在当地颇具威望。因受妹夫、中共地下党员蔡辉的影响，1937年"八一三"淞沪抗战爆发后，盛慕莱积极投入抗日救亡运动，不惜变卖家产，筹集物资，支援抗战前线。他经常在上海采购物资，然后秘密运往苏常太抗日游击根据地。之后，他又为新四军第六师效力，受到师长谭震林的接见和嘉许。

1942年，盛慕莱以"大成公司"驻上海负责人的公开身份出现在上海滩，但实际上，他是为新四军第七师（该师驻地在皖中）秘密经营从上海至皖中的地下运输线。由于运往皖中抗日根据地的物资均须于安徽芜湖中转，而当时芜湖为敌占区，为了确保运输物资的安全，盛慕莱想方设法打入敌伪海军部上海办事处，名义上借用敌舰两艘用于公司"走私"，实则暗度陈仓，用敌舰运送军需物资，来往于吴淞口与芜湖之间。1942

年春和 1944 年夏，盛慕莱曾先后两次遭到汪伪政权警察、日本宪兵的搜捕，但都凭借其机智与胆略巧妙脱险。

1945 年初，盛慕莱动员上海中华书局印刷厂的高级技工过雪川和 65 名技术工人，携带印钞机器前往皖中抗日根据地。这些人于 5 月抵达安徽无为县汤家沟，不到一个月时间，便组装、调试好了机器，开始印制"江淮抗币"，从而确保了"抗币"在皖中根据地迅速流通起来。

盛慕莱的印章　　　　　　　　皖中抗日根据地印制的"江淮抗币"

抗战胜利后，中共中央华东局在上海开设了"集安公司"，有着丰富地下经济工作经验的盛慕莱奉命到江苏扬州建立秘密联络点——"上海集安公司扬州分公司"，以此作为上海与苏北解放区间的物资中转站。此后不久，因国民党反动派对苏北解放区发动全面进攻，盛慕莱奉命撤离扬州。

解放战争开始后，盛慕莱开通了由上海至连云港，以及由连云港至山东解放区日照县涛雒镇的一条海上物资运输线。凭借这条运输线，盛慕莱在解放战争期间安全接送途经上海或来沪治病的中共干部达 200 多名。

随着解放战争进入全面反攻阶段，国民党政权摇摇欲坠，新中国的曙光终于快要到来了，但令人可叹的是，盛慕莱却在上海解放的前三天，倒在了黎明前的黑暗里。1949 年初，盛慕莱奉命先后策反了国民政府行政院善后救济总署上海总仓库某

盛慕莱烈士生前用过的皮鞋

保安团与汽车大队，行动虽然大获成功，但盛慕莱的行迹却暴露了。4 月，当盛慕莱再一次准备策反上海市警察局相关人员时，被该局特刑处国际组特务吴钟英识破并告密。5 月 9 日，盛慕莱被捕，国民党反动派对其严刑拷打，但他坚贞不屈。5 月 24 日，盛慕莱被枪杀于上海市虹口公园。5 月 27 日，上海解放。作为党的地下工作者，盛慕莱的英雄事迹在新中国成立后的很长一段时间里，都很少为人们所熟知，直到电影《51 号兵站》上映，才让人们知道了这位智勇双全、屡立奇功的孤胆英雄，也让人们记住了无数英烈为共和国诞生而进行地下斗争的这段光荣历史。

外交家摇篮：从顾维钧到吴学谦、钱其琛

嘉定传统文化底蕴深厚，近代以来，又借上海开埠之便，逐渐接受西方文化之浸染。自科举制度废止后，许多嘉定知识分子转而研习新学，其中，有奔赴北京、上海、广州等地求学者，亦不乏前往欧美及日本等国留学者，嘉定人的眼界和观念日渐开放通达，嘉定一地也由此成为孕育中国近现代外交家的摇篮。自晚清吴宗濂之后，嘉定又涌现出多位杰出的外交家，他们中间有顾维钧、吴学谦与钱其琛等。

顾维钧（1888—1985），字少川，出生于嘉定县城（今嘉定城区西大街），其父顾晴川为开明绅士，曾为上海道尹袁观澜幕僚，后出任晚清交通银行第一任总裁。顾晴川十分看重对顾维钧的教育，在顾维钧3岁时就将他送入旧式私塾读古文经典，后新学渐兴，便令其改读西学。清光绪二十五年（1899），顾维钧考入上海英华书

顾维钧

院，这是一所英国基督教会创办的中学。光绪二十七年（1901），他从英华书院毕业后，又考入了圣约翰书院，这是一所美国基督教会开办的高等教育学府，以全英语授课。在这里学习三年期满后，他考入了美国哥伦比亚大学，专攻国际法及外交，并获得博士学位。

1912 年学成回国后，顾维钧被荐为袁世凯的英文秘书，后历任内阁秘书、外务部顾问和宪法起草委员等职。1915 年起，他又历任北洋政府驻墨西哥、美国、古巴、英国公使。1917 年，美国正式加入第一次世界大战的"协约国"阵营，外交嗅觉敏锐的顾维钧在比较了两方军事阵营实力和取胜可能性后，积极建议并策动北洋政府最终加入了"协约国"一方。此外，他为了提高中国在国际上的地位，在美国首都华盛顿积极开展外交活动，并密电北洋政府务必参战。第一次世界大战结束后，作为中国代表团的主要成员，他分别于 1919 年和 1921 年出席了巴黎和会与华盛顿会议，在这两次国际会议上，他就山东的主权问题据理力争，以出色的辩论才能阐明中国对山东具有不容争辩的主权，从而为维护中华民族的权益做出了贡献。

尤其是在巴黎和会上，当日本代表要求无条件继承德国在山东的一切利益时，早就达成某种默契的美、英、法等国竟然表示同意，这深深伤害了中国作为战胜国的尊严与主权。顾维钧在会上几次申辩均无济于事，面对如此现实，中国代表团开始心灰意冷，有些代表不愿看到耻辱结局，愤然离开了巴黎，团长陆征祥则因羞恼而住进了医院。巴黎和会的最后时间里，顾维钧独自担当起了为中国作最后努力的职责，然而，不管他如何努力都没有结果，中国的正当要求一再被列强拒绝，保留签字不允，附在约后不允，约外声明又不允，只能无条件接受。最后时刻，顾维钧感到，现在已退无可退，只有拒签，才能表明中国立场。于是，1919 年 6 月 28 日，当签约仪式在凡尔赛宫举行时，中国代表团的座位上空无一人，顾维钧用这种方式表达着中国人的愤怒。

这次拒签在中国外交史上具有重要意义，中国第一次坚决地对列强说"不"，也终于打破了"始争终让"的外交惯局。在顾维钧的坚持下，巴黎和会悬而未决的山东问题，最终在1921 年的华盛顿会议上得到了解决。经过 36 次艰苦卓绝的谈判，中日签署了《解决山东悬案条约》及附件，日本无可奈何地一步步交出了强占的山东权益。在这次会议上负责山东问题并不辱使命的正是年仅 33 岁的顾维钧。政治才能突出、外交经验丰富的顾维钧在 1922 年至 1926 年间，先后被任命为北洋政府的外交总长、财政总长，甚至代理国务总理等职。

北洋政府倒台后，他仍然得到了南京国民政府的重用，因其在国际上久负盛名，故被人誉为"民国第一外交家"。1931年"九一八"事变后，顾维钧以中国代表身份参加了国际联盟李顿调查团，调查日本帝国主义在中国东北的侵略罪行。1932
年起，他先后担任国民政府驻法、英、美大使和驻国际联盟代
表等职，并于 1942 年加入中国国民党。第二次世界大战结束后，
他于 1945 年 6 月出席旧金山会议，参加了《联合国宪章》起
草工作，并代表中国在《联合国宪章》上签字。此后，他长期
担任了国民政府驻联合国代表。1956 年至 1967 年间，顾维钧
历任海牙国际法庭法官、国际法院副院长、台湾国民党总统府
资政等职。从海牙国际法院退休后，他及家人定居于美国纽约，
直到 1985 年 11 月逝世。他晚年口述有 13 卷、600 余万字的《顾
维钧回忆录》，成为研究中国近现代外交的重要资料。

　　在中国共产党中也不乏嘉定籍的杰出外交家，吴学谦即

顾维钧在《联合国宪章》上签字

《顾维钧回忆录》书影

其中之一也，他被人誉为"人民外交家"。吴学谦（1921—2008），出生于嘉定县城（今嘉定城区），其青年时代正值日本帝国主义疯狂侵略中国之际，面对故乡沦陷、山河破碎，他积极投身抗日救亡运动。在上海格致公学（今格致中学前身）读书期间，他开始接触左翼作家作品，并阅读了许多进步刊物，从而激发起他的爱国主义热情。1938 年，他担任了上海学生界救亡协会格致公学小组负责人。次年 5 月，年仅 18 岁的吴学谦加入了中国共产党，并任中共地下党上海格致公学党支部书记。

吴学谦

完成学业后，吴学谦于 1940年考入上海"国立"暨南大学，任中共地下党上海中学区委委员、区委书记。1941年太平洋战争爆发后，暨南大学南迁福建，根据工作需要，他继续留在上海坚持地下党工作。1942年，调赴新四军解放区任中共中央华中局城工部交通站负责人、城工部干事。1944年，他回到上海，历任中共地下党上海学生运动委员会委员、副书记、书记。该时期，国民党军队向解放区发动全面进攻，他参与组织和发动上海青年学生进行了"反饥饿、反内战、反迫害"等一系列罢课示威活动和反美反蒋斗争。1948年，他出任中共地下党上海市委委员。

新中国成立后，1949年7月，吴学谦担任中国新民主主义青年团中央驻世界民主青年联盟代表，并于同年9月率领中华全国学生联合会代表团赴保加利亚首都索非亚，参加第四届国际学生联合会理事会会议。此后，他历任中国共产主义青年团中央国际联络部副部长、部长，共青团中央委员、常委，全国青联国际部部长、全国青联副主席，从而开启了正式的外交生涯。在共青团中央工作期间，他主要负责调研国际青年和学生运动形势，开展青年和学生外事工作。

1958年后，他改任中共中央对外联络部五处处长、西亚非洲组组长、三局局长，由此开始长期负责非洲及西亚地区的外交工作。20世纪60年代，亚非拉民族解放运动风起云涌，许多刚刚独立的非洲国家政党及其他进步组织希望了解中国，要求同中国共产党建立交往关系。他遵照党中央的指示，主持筹建了亚非研究所，并参与组织编写了供中央领导同志参阅的《非洲手册》。他通过不同形式、不同层次、不同渠道的友好交往，积极开展人民外交活动，为中国共产党与非洲国家政党的对外交往开拓出可喜局面。

"文化大革命"时期，吴学谦屡遭迫害却初心不改。在拨乱反正后，他于1978年出任中共中央对外联络部副部长。1979年，他作为中国共产党代表赴意大利首都罗马，就恢复中国共产党与意大利共产党的关系进行内部会晤，次年，中断十多年的两党关系正式恢复。此后至1980年间，他又率中国共产党代表团访问非洲十国，加深了中国共产党同这些非洲国家各政党间的交流合作。1982年底，他出任外交部部长、党委书记。

1984年9月，吴学谦同志在第39届联合国大会上发言

1983 年，他又改任国务委员兼外交部部长。在他担任国务委员和外交部部长期间，正值我国改革开放初创时期，党中央根据国际形势的新变化和中外关系的新发展，进行了外交战略大调整，提出了"和平"与"发展"是当今世界两大主题的理论。吴学谦在外交工作中坚决贯彻执行这些外交方针政策，坚定不移地维护国家的主权、安全和尊严，为增进我国同世界各国和各国人民的友谊和合作、维护和提高中国在国际事务中的地位，发挥了积极重要的作用。

1987 年，吴学谦出任中央外事工作领导小组副组长，次年升任国务院副总理，后兼任中央对台工作领导小组副组长。他坚持党中央提出的"和平统一、一国两制"基本方针和对台工作"八项主张"，正确判断台湾问题总体形势，指导对台工作，为促进两岸关系发展和祖国的统一大业做出了巨大贡献。1993 年，他又当选为第八届全国政协委员会副主席。1998 年，他担任了中国国际交流协会会长、中国国际问题研究和学术交流协会首任会长。2008 年 4 月，吴学谦在北京病逝，享年 87 岁。

另一位中国共产党的杰出外交家则是钱其琛。钱其琛（1928—2017）虽出生于天津，但其祖籍为嘉定外冈，1939 年时随母迁归上海。他在青年时代追求进步，接受革命思想启蒙，立志为挽救民族危亡而战斗。1942 年，他进入上海大同大学附中（今大同中学前身）学习，同年加入中国共产党，并

任该校党小组长、党支部书记。抗日战争时期，他作为上海地下党中学区委委员，参与领导了一系列学生运动。新中国成立后，他被留在上海负责党的青年工作，他曾历任中共上海徐汇、长宁、杨浦区委委员，中国新民主主义青年团徐汇、

钱其琛

长宁、杨浦区委书记。1953 年，钱其琛担任中国新民主主义青年团中央办公厅研究员，因其善于学习、业务扎实，于 1954 年被党组织派到苏联中央团校进修。1955 年至 1963 年间，他历任中国驻苏联使馆二秘、留学生处副主任、研究室主任等职，从而正式开始了他的外交工作经历。1963 年起，他又历任教育部留学生司处长、高教部对外司副司长，并参与制定了"来华留学工作六十条"，为我国来华留学工作首次提供了政策依据。

"文化大革命"期间，钱其琛受到冲击，被下放劳动改造，但他面对逆境，恪守原则，意志坚定。1972 年，他被重新起用担任中国驻苏联使馆参赞，此后至 1987 年间，他历任了中国驻几内亚大使，外交部新闻司司长，外交部副部长、党组成员、党委副书记等职。在此期间，他忠于职守，大胆开展工作，展示出高超的外交艺术，尤其是 1982 年至 1987 年间，他作为中

国政府特使先后主持了 11 轮中苏副外长级磋商，为推动中苏
关系实现正常化、中苏签署边界协定做了大量工作，功不可没。

　　1988 年，钱其琛继吴学谦后，出任外交部部长、党委书记。
1991 年，他又出任国务委员兼外交部部长、党委书记。20 世
纪 80 年代末，面对西方国家的联合"制裁"，他在党中央的
坚强领导下，带领外交队伍敢于斗争，善于应对，坚决维护了
国家主权和尊严，捍卫了国家利益，冲破了西方种种"制裁"，
因势利导地推动中国加入了亚太经合组织，实现了中国和印尼
复交以及中韩建交，从而为新时期对外工作打开了新局面。90
年代初，面对东欧剧变、苏联解体，他又一次坚决贯彻党中央
决策，本着不干涉别国内政的原则，尊重东欧各国人民选择，
并积极推动中国继续同这些国家保持和发展友好合作关系。同

钱其琛（中）代表中国在《禁止化学武器公约》上签字

时，他又坚定按照和平共处五项原则处理国家间关系，进一步推动了中国与俄罗斯及其他独联体国家的关系进入新的发展时期，并为中俄建立战略协作伙伴关系奠定了坚实基础。

1993 年，钱其琛出任国务院副总理兼外交部部长、中央对台工作领导小组副组长。此后国务院机构调整改革，他于 1998年继续担任国务院副总理，并主要负责外交及港澳、侨务、旅游方面的工作，同时负责国务院新闻办公室和国务院台湾事务办公室的联络工作。在党中央、国务院的领导下，他努力推动新时期外交理论体系建设，参与运筹全方位外交布局等重大外交理论构想，为 21 世纪我国外交理论的丰富发展做出了重要贡献。特别是 1995 年底，他担任了全国人民代表大会香港特别行政区筹备委员会主任委员，在党中央统一决策和部署下，

钱其琛会见联合国秘书长安南

为此后几年香港和澳门回归祖国，实现政权平稳过渡和顺利交接，做了大量卓有成效的工作。2017年5月，钱其琛病逝于北京，享年89岁。

于光远助总设计师邓小平揭开改革开放序幕

于光远晚年照片

于光远是当代中国最杰出的经济学家之一，他是中国科学院首批学部委员之一，人称"百科全书式的学者"，也是市场经济的积极倡导者，为中国当代体制改革思想理论界最重要的代表人物之一。他自改革开放以来，参加了许多中共中央领导重要讲话和中央重要文件的起草工作，其中最著名的就是由他与其他学者及党内同志一同为邓小平所起草的、被当代历史学家称为十一届三中全会主题报告的《解放思想，实事求是，团结一致向前看》这篇文字。不过，很少有人知道，这样一位学贯中西、著述等身、对当代中国经济体制改革做出巨大理论贡献的优秀中共党员，就是从有着深厚人文底蕴的上海嘉定走出去的。

于光远（1915—2013），原名郁锺飞，加入中国共产党后，为服从革命需要，化名为于光远。郁氏为嘉定江桥望族，于光远祖籍便在江桥封浜（今嘉定区江桥镇封浜），其祖父从事沙船贸易，以经商起家，后举家迁居上海市南市区（今并入黄浦区），但其父亲弃商学文，曾就读于上海江南制造局工艺学校、上海兵工学堂等，从事机械装备制造等专业。1932年，考入上海大同大学。1934年，通过考试转入清华大学物理系三年级。次年，北平爆发"一二九"运动，于光远在爱国热忱驱动下，积极投身抗日救亡运动。1936年，他从清华大学物理系毕业，选择前往广州的岭南大学当助教，并在当地组织抗日救亡团体。

1937年，于光远加入了中国共产党。根据党组织安排，自1937年至1939年间，他在保定、太原、武汉、广州和粤北等地，先后担任抗日民族解放先锋队的主要负责人，并从事中国共产党的青年工作，曾出任中共中央长江局青委书记。1939年7月，于光远被调动至陕北延安，自此至1945年，他一直都在延安从事中国共产党青年工作、文化教育工作，以及对陕甘宁边区经济的研究工作，曾出任延安中山图书馆主任。由于专业素养过硬、理论功底扎实，他曾在毛泽东青年干部学校和延安大学专门讲授马克思主义哲学和政治经济学，并在中共中央西北调查研究局任研究员。

抗战胜利后，1945年，于光远被中共中央派到北平创办《解放》并任编委。国共谈判破裂后，他回到延安，担任《解放日

中央土改工作团在山东渤海区。后排正中是毛岸英，第二排右三是于光远

报》言论部副主编。1947 年 3 月，他参加了中央土改工作团，在晋绥、河北、山东等革命根据地参加土改，同时进行社会经济调查研究。1948 年，他被调往中共中央宣传部工作，同时开始编写普及性的社会科学知识教材，1949 年出版了专门讲授如何进行调查研究工作的《调查研究》一书。

新中国成立后，从 20 世纪 50 年代起，他撰写了数量众多的理论著述，并编写出版了多部教材，比如他与王惠德合著的《中国革命读本》，与胡绳、王惠德合著的《社会科学基础知识讲座》，与王惠德合著的《政治经济学讲座》，与胡绳、廖沫沙、季云合著的《政治常识读本》等。这些读物对马克思主义理论在新中国的普及起到了重要作用。1955 年，他被选为中国科学院哲学社会科学部委员。1956 年，他兼任了国务院专家局副局长，兼管国家科学规划工作，并参加和指导了《十二年哲学社会科学规划方案》的编制。这一时期，他还创办了《自然辩证法研究通讯》杂志，并亲自担任主编。1961年，于光远与苏星合著了《政治经济学（资本主义部分）》。1962年，他参加了由国家科委在广州召开的全国科学工作会议。1964年，出任国家科委副主任。"文化大革命"时期，他因戴上"资产阶级反动学术权威"帽子而受到迫害，被下放到宁夏"五七"干校劳动。

粉碎"四人帮"及拨乱反正后，于光远被重新起用，并在邓小平直接领导下的国务院政治研究室担任主要负责人。1977年，他被重新任命为国家科委副主任，并受国务院委托筹建国家计委经济研究所，兼任第一任所长。1978年11月10日至12月15日间，中央工作会议召开。会议过半时，邓小平找到于光远和其他一些党内领导同志到自己家中，谈起为他在中央工作会议闭幕会上的讲话起草讲话稿之事，随后便拿出他亲自起草的一个讲话稿提纲。根据邓小平的提纲思想，于光远等人进一步联络了国务院政研室和中央党校的相关同志共同起草稿子。在整个过程中，邓小平多次找于光远等人谈话，并不断深化和充实自己的思想。这个题为《解放思想、实事求是、团结一致向前看》的讲话稿，实际上也就成了几天后所召开的党的十一届三中全会的主题报告，该报告后来被称为"开放新时期新道路、开创建设有中国特色社会主义新理论的宣言书"。1982 年至 1992 年间，于光远又当选为中国共产党中央顾问委员会委员。

随着经济领域改革开放进程的加速，于光远对学术问题的关注逐渐转向经济领域。在 20 世纪八九十年代间，他参与组织了关于生产力问题、社会主义生产目的问题、按劳分配问题等一系列重大经济理论问题的大讨论，并积极倡导和支持新学科的创立，如生产力经济学、国土经济学、经济社会发展战略学、技术经济学等学科，并对经济效益学、教育经济学、消费经济学、环境经济学、旅游经济学等学科提出了自己的见解。他还先后发起组织了与上述学科有关的学术研究会、学术团体和学术活动，并创办了相关学术刊物。这一时期内，他撰写出版了《关于规律客观性质的几个问题》《政治经济学社会主义

于光远参加大同中学 90 周年校庆

部分探索》《经济、社会发展战略》《论社会主义生产中的经济效果》《论我国的经济体制改革》《社会主义市场经济主体论》《改革、经营、生活、组织建设》《论地区发展战略》《我的市场经济观》《中国地区经济社会发展战略选编》等十余部学术著作，成为著名经济学家。

2000 年，85 岁高龄的于光远宣布自己要现代化，在过完生日后，他开始"换笔"、使用电脑写作。他提出要"坐轮椅走天下"，曾经多次到达中国西部许多省份甚至偏远地区。2001 年，他编辑出版了《于光远短论集》，并开通了个人网站。2002 年，他受邀列席党的十六大。2004 年至 2005 年间，在友人帮助下，他又出版了《我忆邓小平》《论普通有闲的社会》《"新民主主义社会论"的历史命运》《我的解放故事》等书。2007 年，他继续受邀列席党的十七大。2008 年，在改革开放三十周年之际，于光远所写的《我亲历的那次历史转折——十一届三中全会的会前幕后》一书再版，得到许多新闻媒体的连载转载。该年，他还获得了中国经济体制改革委员会主办评选的"改革开放经济人物奖"和"改革开放杰出人物奖"，以及《南方都市报》主办评选的"改革开放三十周年风云人物奖"。2013 年 9 月，于光远病逝于北京，享年 98 岁。[1]

---

[1] 张友仁：《于光远的生平事业和学术》，《西安财经学院学报》，2014 年第 6 期。

积善之家 必有余庆：赵锡成、赵小兰父女奋斗史

　　2016 年 10 月 10 日，嘉定区迎来了两位特殊的客人，一时间轰动了整个上海市。这两位客人虽然都已是美籍人士，但他们的祖籍却在嘉定，对故乡嘉定的深深怀念使他们即便不远万里、远渡大洋，也要重新回到这片人杰地灵、文脉不绝的土地上。这两位客人是一对父女，父亲是有着"华人船王"美誉的赵锡成，而女儿便是前美国劳工部部长、现任美国交通部部长赵小兰。回顾历史，他们究竟是怎么从嘉定走出上海、走向

赵锡成

世界的呢？下面就让我们来说说他们那段艰辛而又耀眼的奋斗历程。

赵锡成 1927 年出生于嘉定马陆（今嘉定区马陆镇），其父赵以仁原是马陆镇西封小学一名普通教师，后历任该校教务长、校长，他在战乱时期，以教育救国为己任，筹资助学培养了一大批农家贫困孩子。在父亲的悉心教导和言传身教下，赵锡成自幼勤学苦读，成绩优异，并于 1946 年考入了上海交通大学航政系。认真好学的赵锡成只用了三年时间便修完了航海专业课程，后被派往船上实习。1949 年后，赵锡成一家迁居台湾，由于表现优秀、能力过硬，他在船上很快得到晋升机会，在短短几年里，就从三副、二副、大副，升至当时台湾最年轻的远洋轮船船长。

1958 年，赵锡成参加了"台湾考试院"举办的甲级船长

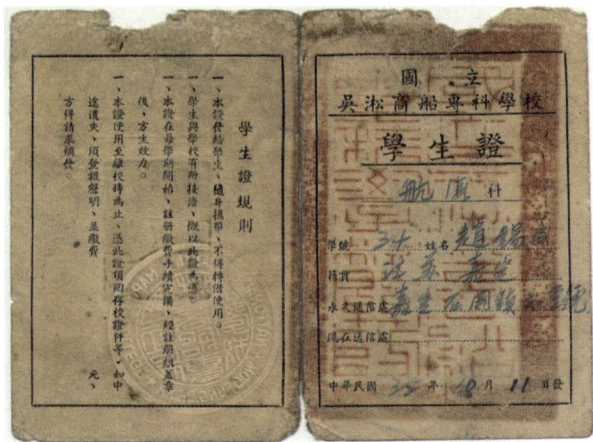

赵锡成在国立吴淞商船专科学校就读的学生证

特种考试，成绩斐然，并打破了此项考试的历史记录。此后，他被船只公司派到美国继续深造。1964年，在美国完成深造后，赵锡成创立了福茂航运公司，并亲自担任董事长及执行长。当时，美国纽约已有100多家航运公司，而福茂航运公司规模很小，完全是名不见经传，但经过十年奋斗发展，赵锡成的福茂航运公司竟一跃成为纽约市数一数二的航运集团公司，直至今日，该公司依然在全世界范围内名列前茅。赵锡成不仅是一位能干的船长和成功的商人，他更是对当代中国航运与造船事业的发展做出过极其重要的贡献。

改革开放后，在20世纪80年代末，中国造船业面临新船订单严重不足的情况，赵锡成认为"身为华裔，理应助一臂之力"，遂挺身而出成为第一个向中国签约购买散装货轮的美国航运企业家，这为中国造船业走进发达国家、走向国际起到了关键作用。在牵头帮助中国造船业不断走向国际、走向强大的过程中，赵锡成对中国造船业的支持始终有增无减，除了广泛介绍客户、扩大中国造船业的国际影响外，他还多次在中国造船业最需要的时候毫不犹豫地出手相助，成为在危急时刻支持中国造船业的国际航运企业家之一，并且赵锡成还通过自己的影响，增进了国际业界对中国造船业的信心。

2002年，世界新船订单急剧衰减，赵锡成再次向上海外高桥造船公司先订购了12艘17.5万吨"好望角"大型散装货轮，后又续订数艘 20.6 万吨的同类货轮，造船周期延续至 2012 年，这使得他成为全美洲在中国订购新船的最大客户。2005 年初，上海浦东特意举办了一场盛大仪式，赵锡成订购的世界最大吨位绿色环保型船只"安梅号"在时任国务院副总理吴仪的命名下落成下水。由于赵锡成对中国造船业的独特贡献，他一直被国内造船界亲切地称为"中国造船界、航运界的老朋友"，并被誉为"对中国开拓国际造船市场起到积极推动作用的航运企业家"。他也多次得到了中国共产党与中国政府的尊敬与嘉勉，2008 年时，时任国务院总理的温家宝亲自手书了"积善之家，必有余庆"八个大字赠予赵锡成。可以说，这八个字正好道出了赵锡成能够奋斗有成、子孙贤达的关键！

事业有成的赵锡成及其妻子朱木兰非常热心于慈善及教育

美国福茂集团创始人赵锡成、董事长赵安吉出席"宏梅轮"新船命名仪式，并与嘉宾合影

活动。1985 年，他们在中国大陆创立了"木兰奖学金"，主要奖励航海、轮机专业品学兼优的学生，至今共有约 2 500 名大学生获得该奖学金资助。2007 年，赵锡成捐赠 100 万美元在上海海事大学设立了"木兰航运仿真纪念中心"。2008 年，他又在母校上海交通大学捐建了"木兰船建大楼"。同年，他又向全球著名学府美国哈佛大学捐赠了一笔巨额资金，并约定其中八分之一专门用

1951 年 11 月 12 日，朱木兰女士与赵锡成博士喜结连理

以奖励华裔学子。2004 年，赵锡成被联合国列入"国际航运名人堂"。2005 年 5 月，他在美国纽约被授予"杰出移民奖"，8 月获得纽约市《星岛日报》颁发的"终生成就奖"，12 月又接受美国亚裔就业服务工商协会颁发的"杰出成就奖"。2013 年，赵锡成和女儿赵小兰共同获得了由哈佛大学商学院颁发的"怀海德社会事业奖"。

此外，赵锡成和朱木兰夫妇在教育孩子成才方面也是十分成功的，他们的大女儿成为现任美国交通部部长，二女儿成为跨国公司高管，三女儿做过纽约州消费者保护厅厅长，四女儿在美国通用电气做副总裁，五女儿是哥伦比亚教育学博士，六女儿在家族企业福茂航运公司做副董事长。他们教女有方的秘

赵锡成夫妇与 1 岁的赵小兰

诀究竟在哪里呢？正如大女儿赵小兰所说："我祖父总是讲，教育是最重要的，有好的教育的话，可以走在前面。""在生活中，我的父亲母亲也常常讲，教育和家是非常重要的。"[1]

在赵锡成六个女儿中，赵小兰的成长经历和事业成就往往令人惊叹不已。赵小兰 1953 年出生于台北，8 岁时随母亲以难民身份搭乘一条破旧货轮漂洋过海抵达美国，与父亲赵锡成相见。一家人挤在纽约皇后区的一个一居室里，赵锡成同时要打三份工，还要教女儿学习英语，日子过得十分艰难。由于不会讲英语，也不了解美国传统，赵小兰起初在美国的生活充满障碍和困难，但性格坚强的她以花木兰为榜样，立志让父母以自己为荣，终于在勤学苦练下精通了英语，并进入曼荷莲女子学院修读经济学专业。本科毕业后，她来到父亲赵锡成的福茂航

[1] 王丽慧：《赵小兰：我们的根在嘉定》，《嘉定报》，2015 年 10 月 27 日。

运公司短暂任职。1977 年，她通过数道严格考试，击败了数以千计的竞争者，最终被美国最顶尖的商学院——哈佛大学商学院所录取。1979 年，她顺利获得了哈佛大学商学院硕士学位，并进入美国花旗银行工作，不久即被任命为高级会计师。

1983 年，在花旗银行总裁、哈佛大学工商管理学院院长、纽约圣若望大学校长、美孚石油公司总裁及世界华人华侨领袖陈香梅女士等人的联袂推荐下，赵小兰参加了"白宫学者"的甄选。经过多次笔试、面试，她从五万五千多名报考者中脱颖而出，成为 13 位被录取者中最年轻的一个，这也是首位亚裔"白宫学者"。赵小兰由此走上了从政之路，她先在美国白宫政策制定办公室兼任助理，主管国内交通和国际贸易，后于 1986 年出任美国政府运输部海运局副局长，1988 年升任联邦海事委员会主席，1989 年改任美国联邦交通部副部长。

2001 年初，赵小兰接到美国总统小布什的电话，要求她接受劳工部长的提名，但她认为时机尚未成熟，再三婉拒，直到美国前总统老布什出面说话，才欣然接受。该年 1 月 11 日，美国总统

赵小兰宣誓就任美国交通部部长

小布什正式宣布任命赵小兰为美国第24任劳工部长，赵小兰遂成为美国历史上首位华裔部长，她也是小布什内阁成员中，唯一一位做满小布什8年任期的部长。在这8年里，赵小兰带领劳工部在保护美国劳动力健康、安全、薪资和退休保障等方面做了大量的工作。2016年11月，美国总统特朗普提名赵小兰再次进入内阁名单并出任美国交通部部长。赵小兰不仅重返政坛，而且又回到了自己政治生涯的起点——交通运输部。2017年1月31日，赵小兰宣誓就任美国第18任交通部部长；同年8月，她获得了国际华人交通运输协会颁发的"交通界榜样成就奖"。时至今日，赵小兰女性和华裔移民的身份仍让她在美国政界备受关注。

2016年赵锡成博士、赵小兰女士与部分木兰奖学金获得者在一起

交通要津：
从"江南第一达道"到"大陆首条高速"

　　嘉定地处上海市西北部，自近代以来就是上海市与江苏省相互出入往来的交通要津。由于其地理位置的特殊性，遂有多条国道经过此地。目前在嘉定区境内历史最悠久的一条国道就是今天的沪宜公路，距今已有 80 多年的历史，它西起有着"中国陶都"之称的江苏省宜兴市，途经无锡、常熟、太仓乃入嘉定，后又经过嘉定的外冈、嘉西、嘉定城区、马陆、南翔、桃浦、长征等乡镇而至上海。这条公路见证了整个嘉定的现代化变迁，也承载了数代嘉定人的美好回忆与发展梦想。

　　沪宜公路最早叫锡沪公路，顾名思义，即从江苏无锡到上海的一条道路，它始建于民国时期。1932 年 10 月，当时的江苏省建设厅厅长董修甲提议兴筑锡沪公路，其初衷是为了连接江南富庶之地，互通有无，繁荣商贸。1933 年冬，江苏省建设厅成立了"锡沪公路工程处"，并于次年 4 月动工兴建。这条总长 140 公里、斥资约 70 万元的公路，从兴建到通车花了约 2 年时间，最初自上海起至无锡止，在兴建过程中又增加了宜兴延伸段，并由此改名为沪宜公路，整条公路沿途经过了江南地区 30 余座市镇。1935 年 7 月，沪宜公路建筑工程完竣，该年 8 月 15 日，在嘉定南翔镇古猗园特意举行了盛大的通车典礼。

沪宜公路的建造并非一帆风顺，其中波折不断，特别是兴建过程因经费紧张等原因，导致工程一延再延。庆幸的是，在外交家顾维钧、银行家张嘉璈等嘉定乡贤的鼎力支持与慷慨出资下，公路最终得以顺利竣工。沪宜公路本质上是一条"官商合办"性质的公路，工程由江苏省建设厅负责督办，但它又同锡沪长途汽车公司与苏长汽车公司签订了承包建设合同。当时为了招揽旅客，锡沪长途汽车公司特地向英商安利洋行订购了最新款客运汽车——1934 年式雪佛兰车底盘 40 辆、1935 年式两吨半福特车底盘 10 辆，并在上海闸北区大统路沪太路汽车房内进行了配装，当时在报纸上就有报道称："车厢外表极为美观，与行驶南京之公共汽车相若，座位舒畅，设备华丽。"正因为选址用心、经营上心、品质精心，故建成后的沪宜公路被时人誉为"江南第一大干道"。通车后的沪宜公路一方面可与锡澄线（即从江阴至无锡的公路）相衔接，另一方面又可与京杭国道连接，江南网状公路遂由此完全实现。

但不久后全面抗战爆发，日军疯狂轰炸国民党军队后撤路线，作为主干道的沪宜公路受损严重，后经抢修勉强维持交通。日军占领江南后，沪宜公路及其沿线城镇相继沦陷。抗战胜利后，沪宜公路为南京国民政府所接管。上海解放前夕，为抵挡中国人民解放军的外围攻势，国民党军队不惜破坏沪宜公路自真如至嘉定路段，一时间碉堡林立、坑道满布、桥梁尽毁。由于受损严重，新中国成立后很长一段时间内，沪宜公路都无法恢复全线营运的状态，直到 1958 年后，嘉定从江苏省划归上海市，上海先后数次对包括沪宜公路在内的嘉定县内道路进行了大规模改建。

新中国成立前，沪宜公路路面仅有 3.5 米宽，主要用泥土和碎石铺路，马车相向而行至交汇处往往十分吃紧。20 世纪 50 年代末，公路宽度被拓宽为 7 米至 9 米。1964 年，沪宜公路先后进行了分段拓宽改建，车行道达到了 9 米至 12 米，路面也浇筑了混凝土。此后至 1998 年，沪宜公路迎来了最大一次改造工程，工程于 2000 年完工，路面被拓宽至 30 余米，双

20 世纪 90 年代的沪宜公路南翔段

2000 年初，改建后的沪宜公路由双向两车道拓至双向四车道

向两车道也被改建为双向四车道。时至今日，沪宜公路依旧是上海北郊最繁忙的道路之一，公路自上海至常熟段现在是 204 国道的一部分，自常熟至宜兴段则是 342 省道的一部分。

除了历史上兴建、改建并保留至今的沪宜公路外，嘉定在改革开放以来上海公路建设方面还有一条意义非凡的道路，它就是中国大陆的第一条高速公路——沪嘉高速公路。沪嘉高速公路的上海市高速公路编号是"上海高速—A12"，中国国家高速公路编号是"沪高速—S5"，其南部端点是上海市普陀区的真北路汶水路口，北部端点是上海市嘉定区的博乐南路嘉戬公路口，全长 16 公里。沪嘉高速公路的车道宽度为 55 米，设计时速每小时为 120 公里，公路总投资 2.3 亿元，平均 1 公里需要 1 127 万元。自 2012 年元旦起，沪嘉高速公路已调整为城市快速路，并结束了收费的历史。

为什么要选择在普陀至嘉定一线建设高速公路？事情要从

20 世纪 60 年代说起，当时从上海市区通往嘉定城区，主要靠沪宜公路，该公路虽已改建拓宽，但其线型差、弯道多，沿途道口近 200 处，各种车辆混行，经常出现交通阻塞和严重事故。因此，沿线居民不断来信上访，嘉定县人民代表也多次提案要求改善沿线地区交通状况。1979 年，嘉定县政府向上海市政府呈送了关于改建沪宜公路成一级公路的报告。考虑到历史及其他各种因素，1982 年 3 月，上海市城市规划建筑管理局提出了沪宜公路专用道控制红线规划和方案，这意味着沪宜公路成一级公路的改建计划未被接纳；但令人欣慰的是，同年 11 月与 1983 年 4 月，上海市城市建设局和嘉定县政府联合完成了按规划走向和一级公路技术标准、另辟沪嘉公路及相应连接线的计划任务书，并由上海市城市建设设计研究院负责设计。1983 年 5 月，上海市政府同意该项目计划任务书并正式立项，

中国内地第一条建成通车的高速公路——沪嘉高速公路

随后报请国家计划委员会纳入国家计划。

1984 年 4 月，由上海市市政工程管理局向市政府汇报了沪嘉公路一级汽车专用道初步设计方案，副市长阮崇武提出修建高速公路的意见。1984 年 12 月，上海市建委和市计委批准初步设计文件，同意沪嘉公路按行车速度每小时 120 公里、路基宽 26 米的高速公路标准组织实施，沪嘉公路遂于该月 21 日正式施工。工程历时四年，终于在 1988 年 10 月 31 日完成通车，时任中共上海市委书记的江泽民、上海市副市长黄菊、中国交通部副部长王展意等领导出席了通车典礼并发表讲话。至此，中国大陆第一条按高速公路标准建设的沪嘉公路正式投入运营。

沪嘉高速公路的竣工，不仅标志着中国大陆高速公路从无到有、实现了数量上的零突破，而且也标志着中国公路建设的

1988 年 10 月 31 日，中国首条高速公路——沪嘉高速通车典礼

技术标准被提升到了一个新高度。在建设过程中，公路设计者和建设者们开展了一系列科研工作，为今后的高速公路建设提供了宝贵经验和科学依据。比如，针对上海典型的软土土质，建设者们自主研制了一种"沙井"技术，依靠这项技术，加快了排水速度，半年内路基便可提前完成 80% 的沉降，使工程建成后路基基本处于稳定状态。又如，以往公路沥青材料含蜡量高，用于高速公路容易造成打滑，科研人员通过采用玄武岩砾石增加沥青的摩阻系数，提高了路面安全性。再如，建设者首次将电厂废物——粉煤灰"变废为宝"，用来代替泥土填充路基，不仅提高了路基质量，还保护了数百亩土地资源。此外，作为上海市科委、"七五"科技攻关项目之一的交通监控模拟系统，首次在沪嘉高速公路上得到应用并大获成功，而且达到了当时国际水平。从沪嘉高速公路开始，中国公路建设的发展翻开了崭新的一页。

围棋之乡渊渟岳峙 F1 赛场电掣风驰

　　具有深厚历史人文底蕴的嘉定，在当代体育竞技场上也体现着古语"行己有耻，动静有法"的深刻意蕴，"静者"有围棋运动的渊渟岳峙，"动者"有 F1 赛车的电掣风驰。我们先来看"静者"，传统围棋文化在嘉定源远流长，改革开放以来，围棋运动更是在嘉定重新得到了推广与发展。早在 1990 年上海市嘉定县便同河北怀安县、浙江天台县、浙江嵊州市、江苏张家港市一道，被国家体委授予了"围棋之乡"的美誉。当代嘉定出过两位"围棋国手"，一位是中国棋院首任院长陈祖德，另一位是现任中国围棋协会副主席常昊。

　　陈祖德（1944—2012），出生于嘉定县城（今嘉定城区），其祖父陈济成曾任私立上海中学（今上海中学前身）校长，因此十分重视

陈祖德

家庭教育，其父陈一冰为美国哥伦比亚大学毕业生，新中国成立后回国，在大学里任教授。因陈一冰酷爱围棋，陈祖德从 7 岁起便跟着父亲学习围棋，后师从围棋前辈顾水如、刘棣怀学弈。棋艺天分极高的陈祖德后来又参加了上海体委围棋集训班，他年纪虽小但成绩优异。1961 年，年仅 17 岁的陈祖德进入全国围棋集训队，这是新中国成立的第一个国家级围棋队。此后，他在 1962、1964、1974 年三次获得全国个人赛冠军，确立了在同时代棋手中的领军地位。

1963 年 9 月，在中日围棋对抗赛中，陈祖德战胜日本九段棋手杉内雅男，成为第一个在中国击败日本九段棋手的中国人，打破了"日本九段不可战胜"的神话。1965 年 10 月，陈祖德执黑让子，又击败了日本九段棋手岩田达明，成为首位分先战胜日本九段的中国棋手。1981 年，陈祖德被授予九段。1983 年，他获得了国家体委颁发的体育运动荣誉奖章。1984 年，他又

1963 年 9 月，在中日围棋对抗赛中，陈祖德战胜日本九段棋手杉内雅男

被评为"中华人民共和国成立三十五年来杰出运动员"之一。1992 年中国棋院成立，陈祖德出任第一任院长，到 2003 年卸任期间，他首创了中国围棋等级分制度，建立了中国围棋甲级联赛体系，又与春兰集团公司合作创办了中国大陆首个世界围棋大赛——"春兰杯世界职业围棋锦标赛"。2011 年 10 月，他荣获了首届中国围棋年度大奖终身成就奖。

　　早在 1980 年，陈祖德便被诊断出身患胃癌。作为棋盘上的斗士，陈祖德不仅击败了病魔，而且在病床上完成了自传名作《超越自我——我的黑白世界》，并在 1994 年获得"人民文学奖"。这本感染至深的作品至今打动了无数棋迷和围棋之外的读者。著名文学家金庸钦佩其棋艺，曾拜他为师，并邀请他到家中休养。2011 年初，陈祖德又被确诊患上胰腺癌，虽然经过手术，病情好转，但

陈祖德著《超越自我——我的黑白世界》书影

一年后癌症复发，于 2012 年 11 月病逝。陈祖德在当代中国围棋史上有着开创性成就，他的围棋新型布局在国际围棋界称誉为"中国流"，其特点是速度快，胜率高，后来逐渐成为国际流行布局之一。他还著有《当湖十局细解》《无极谱》《徐程十局》《黄龙周虎》《血泪篇》《过周十局》《襄夏战梁程》

和《西屏战梁程》等书，临终前又基本完成了《中国围棋古谱精解大系》一书。

在陈祖德的影响下，许多嘉定青少年重新喜欢上了围棋，并将之作为终身努力的事业，著名围棋国手常昊就是其中之一。常昊1976年出生于上海市嘉定区马陆镇，6岁开始学棋，8岁进入上海队，10岁入选国家少年集训队。他曾获第一、三届全国"棋童杯"围棋赛冠军，第五届世界青少年围棋锦标赛冠军，第12届世界业余围棋锦标赛冠军。

常昊的围棋生涯充满着许多亮点，他曾在1994年中韩新锐对抗赛中取得二连胜。在第十届中日围棋擂台赛中，常昊连胜日本五员大将，为中国队取胜立下战功。他又在第十一届中日围棋擂台赛六连胜结束比赛，成为中日围棋擂台赛的终结者。1999年，常昊连续获得乐百氏杯、天元杯、CCTV杯及首届棋圣赛冠军，成为"四冠王"；同年，他晋升为九段。2005年，

常昊夺得第七届春兰杯世界职业围棋锦标赛冠军

他获得第五届应氏杯冠军。2006 年，他在江原大世界杯中韩围棋擂台赛作为副将，以四连胜结束比赛。2007 年，他又获得了第十一届"三星杯"冠军。2009 年 6 月，常昊在第七届春兰杯决赛中，以 2∶0 战胜了劲敌韩国九段棋手李昌镐，获得个人的第三个世界冠军。2017 年 12 月，中国围棋协会换届会议在中国棋院举行，常昊担任副主席。

接下来，我们再来看"动者"，作为"世界三大体育盛事"之一（与奥运会、世界杯足球赛并称），世界一级方程式锦标赛与嘉定结缘开始于 21 世纪初。世界一级方程式锦标赛（FIA Formula 1 World Championship），简称 F1，是由国际汽车运动联合会（FIA）举办的最高等级的年度系列场地赛车比赛，也是当今世界最高水平的赛车比赛。将发展目标定位于"上海国际汽车城"的嘉定安亭，从 20 世纪 90 年代以来就尝试将 F1 赛车运动引入中国。经过一系列项目合作协商后，上海国际赛

2011 年世界一级方程式锦标赛在上海国际赛车场举行

赛车场内景

车场于 2002 年动工建设，并与国际汽联签约获得了 2004 年至 2010 年 F1 大奖赛中国站的首个七年期举办权；2011 年，双方再次签约，开始了 2011 年至 2018 年 F1 大奖赛中国站的第二个七年期合作期。

上海国际赛车场选址在嘉定区安亭镇东北，距安亭镇中心约 7 公里，场地东至漳浦河，西至松鹤路、东环路，南至宝安公路，北至规划中的郊区环线高速公路，总面积约 5.3 平方公里。目前，上海国际赛车场已成为嘉定区的重要文化地标之一，它由赛车场区、商业博览区、文化娱乐区和发展预留区组成，其中赛车场区主要包括赛道、赛场指挥中心、医疗急救中心、新闻中心、安检中心、赛车改装中心、赛车维修区、看台设施、赛车防护设施、直升机停机坪、燃油供应站、油库、赛车学校、停车场等。商业博览区拥有大型购物中心和赛车博览馆。文化娱乐区建有各种文化娱乐设施，有健身运动设施、电影院、舞厅、酒吧、高级酒店、宾馆等。发展预留区为进一步拓展作储备用地。

上海国际赛车场的赛道总长度约为 7 公里，由一级方程式赛道和其他类型赛道组成。一级方程式赛道长度约 5.3 公里，宽度 12 至 18 米，赛道整体造型犹如一个翩翩起舞的"上"字，它既有适合大马力引擎发挥的高速赛道，又有充分体现车手技术的挑战性弯道。上海国际赛车场除部分可供 F1 赛事使用外，还可以举办各类不同的赛事，看台设计规模约 20 万人，其中带顶篷的固定看台约有 5 万个座位，其余为坡型露天看台。

F1 中国大奖赛周期为一年一次，至今已举办过 15 次，现在它已经不再只是赛车运动，而是融入了更多汽车文化和旅游元素。这项运动已深深扎入上海这座城市的生活与发展，既是上海城市的一张靓丽名片，更是现代赛车文化中西交流的一个重要枢纽。

上海国际赛车场赛道整体造型犹如一个翩翩起舞的"上"字

"双城记"：华东第一汽车城 上海最早科技城

安亭上海国际汽车城夜景

《上海市嘉定区总体规划暨土地利用总体规划（2017—2035）》（以下简称"嘉定2035规划"）目前已经颁布施行，在该规划中，未来嘉定的建设目标被描绘为"上海大都市圈中的现代化新型城市"，其中"汽车嘉定"和"科技嘉定"是两大具体的发展愿景。

何谓"汽车嘉定"？嘉定2035规划明确提到：至2020年，嘉定将建成汽车制造业与现代服务业相融合的综合性国际汽车城；至2035年，将基本建成产城全面融合的世界级汽车产业中心；至2050年，更将全面建成产城全面融合的世界级汽车

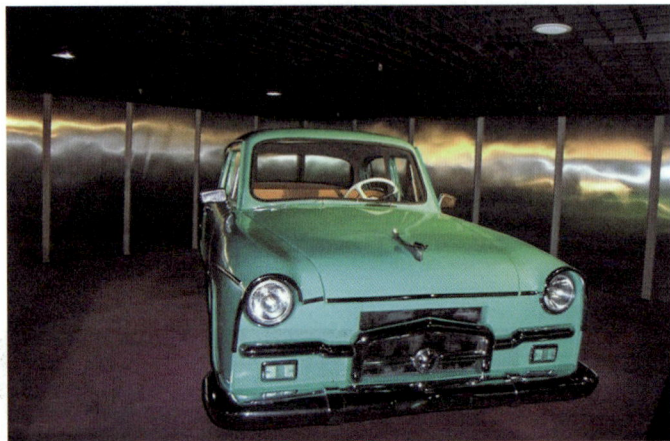

1958 年 9 月 30 日，第一辆"凤凰牌"轿车在嘉定诞生

产业中心。嘉定的汽车产业发展为什么能够有如此宏伟的雄心壮志，因为它具有深厚的汽车工业底蕴。早在 1958 年，新中国的第一辆"凤凰牌"轿车就是在嘉定诞生的，从此汽车工业便在上海嘉定生根发芽。1984 年，国内首家中外合资轿车企业——上海大众在嘉定落户，嘉定抓住这一历史性机遇，主动融入和服务国家战略，开始推动汽车产业发展。2001 年，嘉定开始全面建设"上海国际汽车城"。2013 年，嘉定在全国率先推出了电动车分时租赁业务。2018 年，全国首张无人驾驶测试牌照在嘉定发出。半个世纪以来，作为嘉定的产业支柱之一，嘉定汽车产业始终引领潮流、站立在全国汽车产业发展的最前沿。

从 20 世纪 80 年代初起至 90 年代末，嘉定已经形成了从整车到发动机、变速箱、制动系统、电子电气、车座椅、内饰以及各类钢制零件等完整的汽车制造功能，在服务上海汽车产业的同时，也为国内多个主流汽车生产企业提供专业和完善的零部件配套服务，成为国内汽车产业重要的生产基地。进入21世纪以来，汽车产业面临"轿车进入家庭"以及"中国加入WTO"的机遇和挑战，对此，嘉定认清形势、勇往直前，举全区之力奋力推进"上海国际汽车城"建设。该项建设由嘉定区政府、上汽集团、久事公司、新虹桥开发公司、上海国际信托投资公司等投资设立四大主体公司，分别负责贸易区、研发区、赛车场区、新镇区等六个功能区的规划、开发、建设和招商。此外，嘉定区政府还设立了上海国际汽车城发展基金，累计撬动各类社会资金500亿元，重点支持汽车城基础设施和功能配套建设。

上海国际汽车城的建设推进，使得嘉定汽车产业由大变强。

1988年，上海大众一厂总装车间建成投产

此后，上汽集团、沃尔沃、舍弗勒、天合等整车及汽车零部件企业先后在嘉定设立研发中心。作为全球领先的乘用车和商用车辆电子与技术供应商，国际著名车企——德尔福派克电气系统有限公司也于 2014 年正式将全球研发总部搬入嘉定。各类研发机构的集聚，有力推动了汽车产业由"嘉定制造"向"嘉定创造"转变。目前，嘉定全区已拥有上海大众等整车和零部件企业 300 多家，国家级公共服务平台 6 个，研发机构 100 多家，汽车专业人才 3 万多名，已经成为全国单体城市中汽车产业规模最大、汽车产业链最完善、产业集聚最凸显的地区。在中国汽车技术研究中心发布的"2017 年中国汽车产业基地竞争力"排行榜上，嘉定以 0.975 的综合竞争力指数位居全国第一。

何谓"科技嘉定"？一直以来，科技创新都是嘉定发展的重要支撑，很多人可能已经淡忘这样一个历史事实：早在 1958

上海汽车博物馆

年，嘉定就已被辟为"上海科学卫星城"，当时有上海科技大学、华东计算机研究所、上海光学精密机械研究所、上海原子核研究所等一大批国家级与市级高校和科研单位迁设于此，并专门配套了众多市属工厂。时至今日，嘉定仍然是上海市打造"具有全球影响力的科技创新中心"的六个重要承载区之一，而且是所有郊区中唯一的一个。

当前，嘉定全力建设科创中心重要承载区的各项工作已进入全面深化、全面落实的关键阶段。嘉定已集聚起以中科院光机所、微系统所、华东计算技术研究所、电动汽车研发中心等一大批国家级科研院所为主体的"十一所二中心二基地"，还有同济大学、上海大学等7所科技型高校，以及汽车风洞中心等重大科技基础设施。此外，嘉定还拥有一批业内领先的科研平台，形成了一批高新技术成果转化项目。截至2018年底，嘉定区内国家级重点工程实验室和企业技术中心分别达到20家和4家，市级企业技术中心和工程技术中心分别达到60家和10家。

根据相关规划，至2020年，嘉定区的智能制造及机器人、高性能医疗设备、汽车智能化及新能源汽车、集成电路及物联网四大产业发展集群占全区规模以上工业产值的比重将达到10%。这些高新技术产业目前在嘉定发展迅猛，并已形成集聚发展优势。当前，按照"稳中求进、进中求变、变中领先"

的基调，嘉定三个产业转型发展的基本方向已非常明确，即以汽车为主体的高端制造业，以战略性新兴产业为主体的高科技产业，以及有特色的生产性服务业和高品质的生活性服务业。"十四五"阶段，嘉定科创中心重要承载区建设将会聚焦产学研用协同创新，加速形成科技成果转换"自循环"系统；大力发展企业主导、高校院所参与、市场化运营的技术创新转移机构，促进供需双方的有效对接；建立"线上＋线下"相结合的区科技成果对接平台，从而打通科技成果转移转化的"最后一公里"。

科技创新，人才为本，"十四五"阶段，嘉定还将聚焦创新人才高地建设，进一步营造良好的创新创业发展氛围；立足重大创新项目建设，推动各大新兴产业集群发展；继续在重大创新项目上精准发力，依托科研院所和高校雄厚的研发力量，瞄准业界先进技术水平，推动嘉定创新能级提升；进一步用活、用好各类产业基金，培育和发展各具特色的众创空间。此外，嘉定将继续引进和新建一批创业服务机构，构建完善的创业服务体系，吸引国内外创业者来嘉定创业，推动中小微创业企业快速发展；加大科研经费支持力度，支持高校院所开展前瞻技术研究，鼓励企业成为技术创新主体，推动一批全球领先的原创成果涌现，并探索新型产学研合作模式，推动一批先进科技成果在嘉定转化和落地。

上海国际汽车城

2016 年初，上海电动汽车大数据应用产业联盟、质子治疗产业创新联盟、晶体硅异质结太阳电池全产业链合作创新联盟相继宣布成立，加上之前成立的"超越摩尔"、医学影像诊疗设备、新能源汽车、物联网、汽车设计等创新联盟，嘉定已聚集了 20 个区级创新联盟和 7 个市级产业技术战略联盟。创新联盟在促进科技成果产业化的同时，还兼备了孵化器的功能，比如，"超越摩尔"产业技术创新战略联盟就成功吸引了"中芯国际""矽睿科技"、上海硅酸盐所等 23 家单位加盟。

2018 年 11 月，国家主席习近平出席首届中国国际进口博览会开幕式并发表主旨演讲，宣布了"增设中国上海自由贸易试验区的新片区""在上海证券交易所设立科创板并试点注册制"，以及"支持长江三角洲区域一体化发展并上升为国家战略"等三大举措。这三项举措为未来嘉定的科技发展提供了更广阔空间和更便利条件。"十四五"阶段，嘉定将在既有优势和基础上，进一步搭建长三角科技创新合作交流平台，创新科技服务贸易促进技术贸易，打造长三角科技服务品牌，以此助推嘉定成为长三角城市群中重要的创新技术策源地、创新要素集散地、创新成果转化地，并带头促进科技、产业、人才等资源集聚、交流与融合，加快构建长三角科技创新共同体，打造长三角更高质量一体化协同创新发展的示范区。

嘉定人民自古以来的勤劳、勇敢、睿智与开放，使我们完全有理由相信，上述这些美好的发展目标必将在新时代国家发展战略大背景下一一得到实现！

后记

　　"海派文化地图"丛书的第一推动力来自中共上海市委关于制定"十三五"规划的建议，其中明确提出要"弘扬海派文化品格……基本建成国际文化大都市"。

　　2017 年 12 月，中共上海市委书记李强提出："丰富的红色文化、海派文化、江南文化是上海的宝贵资源，要用好用足，大力发展有竞争力和影响力的文化产业。"

　　2016 年 1 月，在上海市政协十二届四次全会上，柴俊勇委员的提案《关于弘扬海派文化品格，加快建设上海国际文化大都市的建议》被《新民晚报》以通栏标题"让海派文化也做到全球连锁"发表。"海派文化地图"丛书自此起步。丛书按区分卷，分别介绍 16 个区的海派文化资源特色和与海派文化有关的知名人物，故称之为地图丛书。

　　2016 年 9 月，在上海市政协文史资料委员会和虹口区政协共同主办的海派文化传承与发展研讨会上，市政协副主席高小玫深入阐释了海派文化的内涵、形成和特征，以及海派文化对于上海城市建设和弘扬上海城市精神的重要意义。会上"海派文化地图"丛书举行了启动仪式。

上海的海派文化之热，起于新世纪初。2002 年 6 月，上海大学"海派文化研究中心"成立，主任李伦新，副主任方明伦。2003 年 11 月，上海交通大学"海派文化研究所"成立。熊月之教授任所长，戴敦邦教授任艺术总监。纵观新中国的上海媒体，谈及海派文化的有 7000 余篇，颇有声势。新一轮的高潮，起于 2015 年的虹口。在上海文化发展基金会支持下，虹口设立了"海派文化发展专项基金"，两年后建起了"海派文化中心"。

与上一轮相比，今天的海派文化旋风更加务实。上海市社团管理局登记在册的"海派"社会团体 10 余家。上海工商局登记的以"海派"命名的企业有 30 余家，几乎涉及各行各业。

与此同时，各类关于"海派文化"的学术研讨会、论文集及主题活动等层出不穷，微信公众号"海派文化"、以"海派文化"为主题的时尚杂志《红蔓》等亦流行开来……

2016 年末，上海市政协召开优秀提案新闻发布会，《关于弘扬海派文化品格，加快建设上海国际文化大都市的建议》被评为优秀提案。海派文化再次被沪上媒体广泛关注。不少媒体都以"海派文化地图"丛书为新闻眼，踊跃报道。

"海派文化地图"丛书得到了各方面的大力支持。在中共虹口区委的两任书记吴清、吴信宝的关心下，丛书得到了"虹口区宣传文化事业专项资金"的支持，在市委宣传部胡劲军副部长、市文旅局局长于秀芬的支持下，丛书得到了文旅局的资助。浦东、黄浦、杨浦、崇明政协迅即行动起来，知名作家、高级记者纷纷加盟参加创作；浦东、黄浦、杨浦、崇明政协行动迅速，率先完成相关分卷的编撰。编委会主任吴清（现为上海市副市长）等领导参加的四书首发，成为 2017 年上海书展的亮点。

"海派文化地图"丛书嘉定卷在编著过程中得到以下嘉定区政协领导和专家的重视与大力支持：嘉定区政协主席刘海涛、嘉定区政协文化文史和学习委员会主任姚伟等；嘉定区地方文史专家陶继明、顾建清、陆慕祥、王威尔、徐伟征等。

我们在编撰中说得最多的一句话："要用海派文化的精神来编撰'海派文化地图'丛书。"说的就是"海纳百川"，感谢来自嘉定方方面面的支持，没有各位的支持，不可能完成嘉定卷的编撰。无百川相汇，何以成海？

执行总主编　浦祖康

2020 年 6 月